KB136150

세븐 어젠다

세븐 어젠다 Seven Agenda

행복 선진국을 위한 일곱 과제

초판 1쇄 발행 | 2023년 4월 20일

지은이 권혁세
펴낸이 안호헌
에디터 윌리스

펴낸곳 도서출판 흔들의자
출판등록 2011. 10. 14(제311-2011-52호)
주소 서울특별시 서초구 동산로14길 46-14. 202호
전화 (02)387-2175
팩스 (02)387-2176
이메일 rcpbooks@daum.net(원고 투고)
블로그 http://blog.naver.com/rcpbooks

ISBN 979-11-86787-52-6 13300

우리나라는 세계 10대 경제 강국이나
행복 순위는 세계 50위권 후반으로 낮다.

무엇이 문제인가!

세븐 어젠다

SE7EN AGENDA

행복 선진국을 위한 일곱 과제

권혁세 지음

서문

행복 선진국으로 가는 길

2021년에 필자가 발간한 책인 《행복을 보냅니다》는 행복을 결정하는 여러 요인 중 개인적인 요인들을 중심으로 기술하였다. 이 책은 전작에서 기술하지 못했던 행복에 영향을 미치는 국가적 · 사회적 요인을 중심으로 우리 국민이 행복해지기 위해서 국가는 무엇을 해야 하는지, 우리 사회는 어떻게 변화해야 하는지에 대한 필자 나름의 소견을 기술한 책이다.

지난해 UN이 발표한 국민행복지수GNH, Gross National Happiness 순위에서 우리나라는 조사 대상 149개 국가 중 59위를 차지했다. 삶의 만족도 조사에서도 OECD 38개국 중 그리스, 터키 다음으로 최하위권을 기록했다. 경제면에서는 한국은 세계 10대 경제 강국으로 1인당 국민소득이 세계 30위 이내의 선진국이다. 근래 들어 클래식, 대중음악, 드라마, 영화 등 다양한 문화 · 예술 분야에서도 국제적으로 권위 있는 각종 상을 수상하는 등 세계적인 위상이 높아지고 있다. 이처럼 높아진 위상과 국력에 비해 낮은 행복지수는 실망스럽다. 더군다나 UN이 국가별 행복 순위를 조사 발표한 2012년 이후 우리나라는 국민소득 상승에도 불구하고 행복 지수가 계속 하락하고 있다.

최근 발표된 여론조사 기관인 입소스의 '세계 행복 2023 보고서'에서도 한국인의 57%만 행복하다고 답변해 조사 대상 32개국(평균 73%가 행복하다고 답변) 중 31위에 그쳤다. 입소스 조사는 UN이나 OECD 조사와 달리 주관적 설문조사로 한국인이 느끼는 행복 체감도가 객관적 상황보다 매우 낮은 것을 알 수 있다.

행복 순위 10위 이내의 국가들은 대부분 북유럽국가다. 이들 국가는 공통으로 소득 수준도 높지만, 정치와 노사 관계가 안정되어 있어 국민의 일상이나 경제활동에 나쁜 영향을 주지 않고, 국가 청렴도와 사회적인 신뢰가 높고 복지 수준이 잘 갖추어져 있다. UN이나 OECD가 발표하는 행복 순위에 우리가 일비일희할 필요는 없지만, 행복 순위가 낮은 원인과 소득수준 증가에도 불구하고 행복 순위가 계속 하락하는 원인을 파악해 개선해나갈 필요가 있다.

필자는 이 책에서 우리나라 국민의 행복을 높이기 위해서 7개의 과제(어젠다)와 30여 개의 하부 과제(서브 어젠다)를 제시했다. 7대 과제는 UN이나 OECD에서 국가별 행복 순위를 평가하는 데 사용하는 항목들을 중심으로 선정하였고 우리나라가 특히 낮은 평가를 받는 항목은 더 큰 비중을 두고 기술했다. 7대 과제는 사회적 신뢰 제고, 미래 불안 해소, 선택의 자유 확대, 좋은 일자리 만들기, 경제 안정, 국민 안전과 삶의 질 향상, 정치 선진화를 위한 정치 개혁이다.

첫 번째 과제로 사회적 신뢰를 선택한 이유는 지금과 같이 세계 최하위권에 머무는 사회적 신뢰를 높이지 못하면 경제 성장은 물론 규제 개혁이나 국가의 미래가 걸린 각종 개혁(연금 개혁, 노동 개혁 등)을 추진하기 어렵고 사회적 갈등을 해소하기 어렵기 때문이다. 미국 경제학자인 프란시스 후쿠야마는 그의 저서《TRUST, 1995》에서 선진국과 후진국의 차이는 신뢰 자본의 차이며 신뢰 자본이 낮은 국가일수록 규제가 많고 사회적 비용이 커서 선진국이 되기 어렵다고 했다.

이처럼 사회적 신뢰는 경제 성장과 민주주의 발전의 원동력이며 갈등과 문제 해결을 위한 정치적 비용을 줄여준다. 우리나라의 사회적 신뢰는 UN의 조사 대상국 149개국 중 100위권에 머물 만큼 낮다. 이는 짧은 민주주의 역사로 인해 정부 등 지배계층에 대한 신뢰가 낮고 정치적 요인으로 인한 갈등과 대립 격화, 게임의 룰이 공정하고 정의롭지 못하다는 인식, 경제적 불평등 심화 등에 기인하다. 우리나라가 행복 선진국으로 가기 위해서는 최하위권에 머무는 사회적 신뢰 제고가 가장 시급하고 중요한 과제다.

둘째는 미래불안 해소를 위한 사회 안전망 확충 과제다. 우리나라의 출산율이 세계 최하위 수준인 0.7%대로 낮아진 가장 큰 원인은 미래불안에 기인하다. 젊은 세대들이 결혼과 출산을 기피하는 요인은 좁은 취업문, 주택문제, 자녀보육·교육문제, 출산으로 인한 경력 단절 문제, 일과 가정의 양립 문제, 실직이나 노후에 대비한 사회 안전망 미비 때문이다. 지금과 같은 저출산·고령화 추세로 인구 절벽이 초래되면 우리나라는 미래를 기약하기 어렵고 세대간·계층간 갈등은 더욱 심화할 수 있다. 따라서 지금부터 미래불안을 해소할 중장기 발전 계획을 마련해 추진해야 한다. 과거 박정희 정부는 3차례에 걸친 '경제발전 5개년계획'을 추진해 오늘날 세계 10대 경제 대국의 초석을 마련했다. 노무현 정부도 비록 정권교체로 추진하지는 못했지만 2006년에 '비전 2030'이라는 중장기 경제 사회 발전 계획을 마련했다. 이처럼 저출산·고령화 대책이나 연금 개혁과 같은 미래 세대를 위한 구조 개혁과 사회 안전망 확충은 미래의 불안 해소를 위해 꼭 필요한 과제다.

세 번째 과제는 선택의 자유 확대다. 자유 민주주의와 자본주의 시장경제 체제를 가진 우리나라는 사회주의 국가나 독재국가보다 상대적으로 선택의 자유가 크다. 하지만 자본주의 시장경제 체제를 가진 국가들 사이에서도 시장의 개방성, 경쟁성, 규제의 차이에 따라 경제 활동의 자유에 차이가 발생한다. 국가별 경제 자유도를 평가하는 헤리티지재단이나 민간경제연구소들의 평가에 의하면 우리나라의 전체 경제 자유도는 OECD 국가의 중하위권 수준이나 노동시장 등 일부 분야는 세계 최하위 수준을 보인다. 선택의 자유를 억압하는 가장 큰 요인은 정부의 규제와 반기업 정서이다. 갈수록 떨어지는 잠재 성장률을 높이기 위해서는 규제 철폐와 기업가 정신을 회복시켜 창업과 투자가 활성화되도록 해야 한다.

넷째는 일자리 만들기 과제이다. 일자리는 인간에 있어 돈을 벌기 위한 수단을 넘어 일을 통한 보람, 성취, 만족감 같은 행복을 준다. 그래서 세계 어느 나라나 고용확대가 가장 중요한 경제 정책 목표의 하나다. 일자리는 저출산·고령화에도 영향을 미치는 모든 세대에 걸친 가장 중요한 과제다. 일자리 확대는 경제 성장이나 규제 완화와도 밀접한 관련이 있고 어떤 정책을 선택하느냐에 따라 일자리 창출 성과의 명암이 달라질 수 있다.

다섯째는 인간의 의식주와 관련된 경제안정 과제다. 국민의 기본적인 의식주 해결은 국가의 기본 책무다. 이를 위해서는 물가를 안정시킬 의무가 있다. 물가 문제와 함께 주택 문제도 국민의 삶에 필수적 과제다. 산업화 이후 대도시로 인구 집중이 이루어지면서 주택 문제 해결이 어느 나라나 어려운 과제로 대두되고 있다. 우리나라는 역대 정부에서 주택 정책이 경제 활성화나 경제 불평등 해소 수단으로 잘못 운영되면서 국민의 주거 행복권 보장에 만족할만한 성과를 거두지 못했다. 경제 위기 예방도 중요한 과제다. 과거 대공황이나 글로벌 금융위기, 우리나라의 외환위기 같은 상황이 발생하면 국민 대다수가 불행한 상황에 처할 수밖에 없다.

여섯 번째 과제는 국민의 안전 보장과 삶의 질 향상이다. 러시아의 침략으로 전쟁을 겪고 있는 우크라이나 국민에게 행복이란 단어를 떠올리기 어려울 것이다. 이처럼 국가는 전쟁으로부터 국민의 생명을 보호할 책무가 있다. 특히 남북한이 휴전선을 사이에 두고 대치하고 있는 우리나라는 북한의 핵과 미사일로부터 국민 생명을 지키기 위해 동맹 외교와 국방력 강화가 필수적이다. 안보 문제 외에도 각종 재난과 범죄, 사고, 마약, 스마트폰 중독 등으로부터 국민의 건강과 안전을 지키고 건강한 사회를 만드는 것도 국가의 중요한 임무다. 쾌적한 환경조성과 일과 휴식의 병행 등 삶의 질 향상도 국민 행복에 중요하다. 최근 조사에 의하면 우리나라 국민이 느끼는 삶의 질은 OECD 38개 국가 중 36위에 달할 만큼 하위권이다.

마지막으로 정치 개혁 과제를 선정한 이유는 행복 선진국과 후진국을 결정하는 가장 큰 요인 중 하나가 정치 체제나 정치 행태의 선진화 여부에 있다고 보았기 때문이다. 특히 우리나라처럼 정치가 모든 분야에 영향을 미치는 정치 우위 사회, 정치 과잉 사회에서 정치 선진화 없이는 국민 행복 증진을 기대하기 어렵다. 국내 정치는 경제 등 다른 분야가 세계 경쟁에서 살아남기 위해 변화에 몸부림 치는 것과 달리 '우물 안 개구리'처럼 87년에 만들어진 낡은 체제와 행태를 고수하고 있다. 더 큰 문제는 5류에 해당하는 정치가 일류에 해당하는 우리 기업의 발목을 잡고 있는 점이다. 우리 사회의 대립과 갈등의 근저에는 항상 나쁜 정치가 뱀처럼 똬리를 틀고 있다.

지금 세계는 최강대국인 미 · 중 간 대결과 러시아와 우크라이나 간 전쟁으로 미국 · EU · 일본 등 자유 민주진영과 중국 · 러시아 · 북한 등 전체주의 진영으로 나뉘어 신냉전 주의가 부활하고 있다. 경제면에서도 자국 이기주의 강화로 세계화의 붕괴와 글로벌 공급망의 분열이 초래되고 있어 그동안 세계화와 글로벌 분업체제에 편승해 성장해 온 우리에게 어려운 선택을 강요하고 있다. 미국, 스위스, 독일 등에서 연쇄적으로 발생하는 은행발 금융위기도 글로벌 금융위기의 불길한 징조다. 대내적으로 세계에서 가장 빠른 저출산 · 고령화와 잠재 성장률 둔화, 과도한 가계 부채, 여야 간의 정쟁 격화로 인한 정치 불안과 사회적 갈등 심화로 미래를 기약하기 어려운 상황이다. 이처럼 우리나라는 97년 외환위기 이후 지금이 가장 비상한Critical 위기 상황이다. 위기 극복을 위해서는 국가 리더그룹이 변화와 개혁에 솔선수범하고 소통과 공감 능력 배가倍加로 분열된 국론과 민심을 하나로 모아 위기를 돌파해야 한다.

필자는 이 책에서 일곱 개의 과제별로 역대 정부가 실패한 원인을 분석하고 외국의 사례를 참고해서 나름대로 처방전을 제시하려고 노력했다.

물론 어떤 분야는 필자의 전문 분야가 아니어서 전문가의 입장과 다르고 미흡 하게 느껴질 수 있을 것이다. 이 책의 출간 목적은 우리 국민의 행복 체감지수가 낮은 원인을 분석하고 국민의 행복 증진을 위해 국가와 사회가 무엇을, 어떻게 해야 하는지에 대한 국민의 이해를 도와 공감대 형성에 기여하기 위한 것인 만큼 책에서 제시된 필자의 의견은 향후 정부 정책에 참고가 되었으면 하는 바람이다. 앞날을 알 수 없는 불확실성 시대에 내일을 생각할 겨를도 없이 팍팍한 삶을 살아가는 대다수 국민에게 꿈과 행복을 그려볼 미래의 청사진을 제시하는 것은 어찌보면 국가의 당연한 책무이다.

한국인의 행복 체감지수가 낮은 또 다른 요인으로 전문가들은 사회적 관습이나 문화적 요인을 지적한다. 한국인은 유교문화의 영향으로 개인보다 집단을 우선시하고 개성을 중시하기보다 집단적 사고와 풍조에 잘 휩쓸린다. 외모 지상주의, 학벌 지상주의, 금전 만능주의가 성행하는 것도 이런 이유다. 집단주의 문화는 강한 평등의식을 수반해 남들과 비교해 내가 처한 상황이나 현실을 인정하기 어렵다. 한국인의 분노지수가 상대적으로 높고 부자가 되기를 바라면서도 부자들에 대한 인식이 우호적이지 않은 것도 이런 이유다.

유교문화의 영향을 받아온 일본, 중국, 한국 모두 공교롭게도 국력에 비해 국민 행복 순위가 하위권에 머무는 원인도 여기에 있다. 한국 사회는 역동성이 크다. 역동성이 큰 것은 경제 사회 발전에 동력으로 작용하는 긍정적인 측면이 있지만 기득권 층과의 갈등과 대립을 초래할 요인으로 작용할 수도 있다. 우리 사회 구성원들의 행복 수준을 높이고 역동성을 국가 발전의 원동력으로 삼으려면 낡은 관습과 집단주의 문화에서 벗어나 개성과 창의가 존중되고 남을 배려하는 성숙한 사회로 변화시켜야 한다.

《십 년 후 미래》Outrageous Fortunes의 저자인 미국 하버드대 대니얼 앨트먼 교수는 “사회적 관습, 경쟁문화, 정치 수준 등 한 국가의 경제적 토대를 구성하는 딥 팩터Deep Factor가 향후 수십 년 또는 한 세기 동안 경제성장의 잠재력을 결정한다.”라고 했다. 일본이 한때 미국을 넘보는 세계 2위의 경제 강국으로 부상했으나 추락한 이유도 바로 딥 팩터를 변화시키지 못했기 때문이다. 미국전략국제문제연구소CSIS 출신인 브래드 글로서먼이 지은 《피크재팬, 2021》은 일본이 정점을 찍고 몰락하는 과정과 원인을 잘 분석하고 있다. 일본의 실패 사례는 우리에게 결코 남의 이야기가 아니다. 벌써 제2의 일본화를 우려하는 지적들이 국내외로부터 늘어나고 있다.

역사를 잊은 국민에게는 미래가 없지만 과거에만 매몰된 국민도 미래를 기약하기 어렵다. 갈등 극복과 국가의 미래를 위해서는 기성세대가 아집과 잘못된 관행, 기득권을 버리고 젊은 세대에 눈높이를 맞추고 길을 양보해야 한다.

이 책의 발간으로 지난 2년여에 걸친 행복에 관한 2권의 책을 마무리할 수 있게 되어 마치 무거운 짐을 내려놓는 듯한 홀가분한 심정이다. 하지만, 한편으로 전문 지식이 부족한 필자가 너무 의욕이 앞서 많은 분야에 의견을 개진함에 따른 두려움이 큰 것도 솔직한 심정이다. 이 책의 완성도나 통계 수치상에 오류가 있다면 필자의 부족한 지식과 노력 부족에 기인한 것이므로 독자 제현의 넓은 양해를 구한다. 아무튼 이 책이 국민의 행복 증진에 더 많은 관심을 기울이게 되는 계기가 되었으면 하는 바람이다.

권혁세

차례

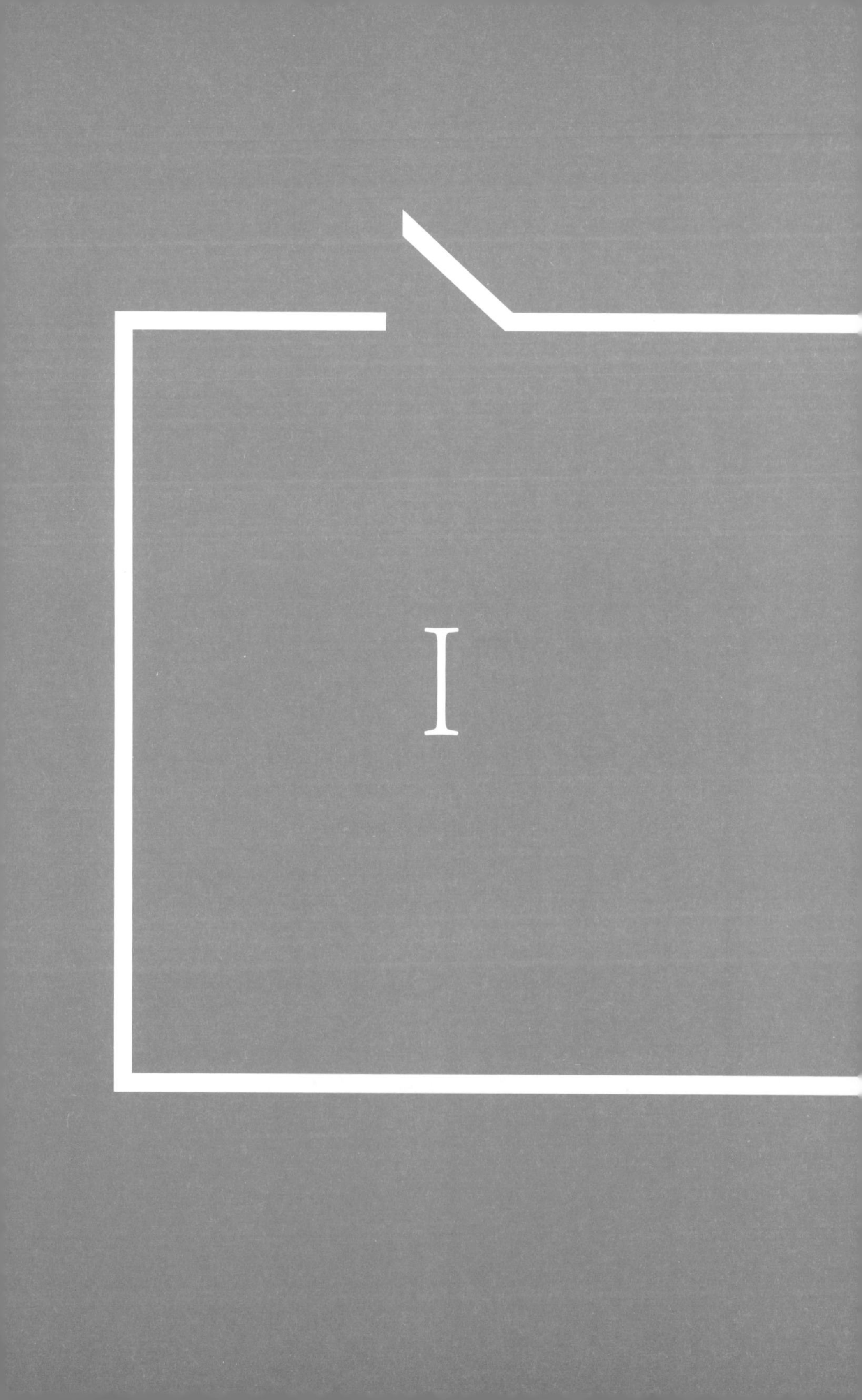
I

행복 선진국을 위해
국가는 무엇을 해야 하나

국민 행복 증진을 위해 국가는 무엇을 해야 하나

1-1. 국민소득 3만5천 달러 시대, 국민 행복에 관심 기울여야

《행복의 함정, 2011》을 저술한 영국의 경제학자인 리처드 레이어드는 "21세기 좋은 국가는 국민이 행복한 국가이며 개인의 행복에 대해 정부가 철저히 책임지도록 할 필요가 있다."라고 주장했다. 저자는 국민의 행복에 영향을 미치는 일곱 가지 요인(가족관계, 재정, 일자리, 공동체와 친구, 건강, 개인의 자유, 개인의 가치관)을 제시하고 국가의 역할 확대를 역설했다. 특히, 청소년 때부터 국가가 행복 훈련학습을 시켜야 한다고 주장한다. 일본의 경제학자인 쓰지 신이치 교수는 그의 저서《행복의 경제학, 2009》에서 "우리가 살아가는 풍요를 위한 경제 시스템(예를 들어 GNP로 경제발전 측정)은 궁극적으로 사람을 행복하게 하지 않는 시스템이므로 행복을 측정하는 새로운 경제발전 개념을 만들어야 한다."라고 주장했다.

국가별 국민의 행복 지수를 매년 조사해서 발표하는 UN이나 OECD의 조사 대상 지표를 보면, UN의 경우 1인당 GNP, 기대 건강수명, 사회적 지원(복지), 선택의 자유, 사회적 신뢰, 너그러움(기부 등) 등 6가지이고 OECD의 경우 주거, 소득, 고용, 커뮤니티 활동, 교육, 환경, 시민참여, 건강, 삶의 만족도, 안전, 일과 생활의 균형 등 11가지이다. 이들 지표를 보더라도 대부분이 개인의 노력만으로는 달성이 어렵고 국가의 역할에 좌우되는 부분이 많다는 것을 알 수 있다. 예를 들어, 2022년에 발표한 UN의 국가별 국민 행복 조사에서 한국이 59위를, 핀란드가 1위를 차지 한데는 국가의 역할과 책임이 큰 부분을 차지하고 있다.

우리나라의 경우 그동안 역대 정부가 주로 경제성장률이나 1인당 국민소득을 기준으로 국가의 위상이나 정부의 성과를 평가하고 국민에게 홍보해 왔다. UN이나 OECD 등 국제기구나 영국의 신경제 재단과 같은 민간 연구 기관에서 매년 또는 간헐적으로 국가별 국민행복지수를 조사해 발표해 왔지만, 정부나 정치권은 관심을 크게 두지 않았다. 국내 언론도 이들 기관이 자료를 발표할 때만 잠시 관심을 두는 실정이다. 국제적으로 보아도 강대국들의 경우, 국력이나 위상에 비해 국민 행복 지수 순위*가 상대적으로 높지 않아서 그런지 정치 지도자들이 국민 행복지수를 자신의 치적이나 국정 목표로 내세우려 하지 않고 있다.

* UN 발표 강대국의 국민행복지수 순위(2022): 미국(16위), 중국(72위), 일본(54위), 러시아(80위), 독일(14위), 영국(17위), 프랑스(20위).

우리나라의 경우, 대선을 앞두고 일부 정치 지도자들이 국민 행복 증진을 공약으로 내세운 적이 있으나 구체적인 대안을 제시하거나 당선 후 공약을 실천한 적은 없다. 미국 경제학자인 이스털린의 역설처럼 국민소득이 일정 수준을 넘으면 국민소득 이외 다른 요인들이 국민의 행복에 많은 영향을 미친다.

우리나라는 1994년에 1인당 국민소득 1만 달러를 돌파했고, 2006년에는 2만 달러, 2017년에는 3만 달러, 2021년에는 3만 5천 달러까지 넘어섰다. 통상 1인당 국민소득이 1만 달러를 넘어서면 주택을 제외하고 의식주 면에서 먹고 살만한 상태에 도달하기 때문에 국민의 의식도 바뀌고 행복에 대한 인식도 달라진다고 한다. 우리나라의 경우 1994년에 1만 달러를 돌파한 이후 1997년 말에 외환위기를 겪으면서 국민소득이 일시적으로 후퇴하고 경제 · 사회 전반에 커다란 고통과 변화를 겪었다.

과거 선진국의 예를 보아도 소득수준 2만 달러까지는 삶의 질이나 복지에 대한 여력이 부족하지만 3만 달러를 넘어서면 삶의 질이나 환경, 복지 분야에 관심을 기울일 수 있는 경제적 기반이 조성된다고 볼 수 있다. 따라서 이때부터 국가의 정책 목표와 예산 배분을 성장과 함께 삶의 질 개선이나 복지, 환경에 골고루 균형 있게 배분하고 있다.

UN이나 OECD의 국가별 행복지수 조사도 이런 점을 반영해 평가하고 있는데, 우리나라의 경우 1인당 국민소득의 증가에도 오히려 국민행복지수가 하락하고 있고 특히, 1인당 국민소득이 3만 달러를 돌파한 2017년 이후 국민행복지수가 더 많이 하락하고 있어 그 원인을 따져볼 필요가 있다.

2023년 3월에 발표된 여론조사 기관 '입소스'의 '세계행복보고서(2023)'에 의하면 한국인의 57%만 행복하다고 답변해 조사 대상국 32개국(평균 73%가 행복하다고 답변) 중 31위에 그쳤다. 특히, 정치 · 경제 · 사회 상황에 대한 만족도가 20%대 초반 수준으로 매우 낮았다. 입소스 조사에서 보듯이 한국인은 객관적 상황보다 주관적인 행복 체감도가 매우 낮음을 알 수 있다. 물론, UN이나 OECD의 국가별 행복지수 측정 방법*이나 입소스의 조사 방식이 완벽하다고 볼 수는 없지만, UN이나 OECD는 객관적 지표를 통해 국가별 국민의 행복 수준을 비교 가능하고 특정 국가의 행복 지수의 추이나 행복 지수가 낮게 나타난 요인을 비교 · 분석해 볼 수 있는 점에서 나름대로 의미가 크다고 볼 수 있다.

특히, 요즘과 같이 한국 국민의 대다수가 행복을 삶의 가장 중요한 목표나 가치로 여기고 소득 이외 삶의 질이나 환경, 복지 문제를 행복의 주요한 평가 척도로 여기고 있는 상황에서 UN이나 OECD의 국가별 행복 지수는 국가의 국정운영 계획 수립 시 반드시 참고할 필요가 있다.

우리나라 역대 정권을 보면 외환위기 전까지는 경제 성장을 가장 중요한 국정운영 목표로 삼아 왔다. 그러나 IMF 이후 출범한 진보정권(김대중, 노무현 정부)에서 성장과 분배의 균형 있는 발전을 추구해 왔고, 이후 등장한 보수정권(이명박, 박근혜 정부)도 성장에 주력하되 복지와 삶의 질 개선에 관심을 기울여 왔다.

* 각종 통계 데이터와 설문조사를 병행해서 측정

역대 정권 중에는 문재인 정부가 분배 문제와 삶의 질 향상(노동자 권익, 환경 등)에 가장 역점을 두고 국정을 운영해 왔지만 아이로니컬 하게도 집값 상승과 물가 상승으로 인해 경제적 불평등과 취약 계층의 삶의 질이 오히려 악화되었다는 평가를 받고 있다.

2012년부터 발표된 UN의 국민행복지수 순위를 보면 우리나라는 2013년부터 행복지수 순위*가 하락해 박근혜 정부 말기에 50위권으로 급락한 후 문재인 정부 내내 50위권 중후반에서 60위 권 초반에 계속 머물고 있음을 알 수 있다.

1-2. 국민 행복 증진을 국정 운영 목표로 삼자

2022년에 출범한 윤석열 정부는 1인당 국민소득 증가에도 불구하고 역대 정권에서 하락을 계속하고 있는 국민행복지수 순위를 상승시키는데 국가 역량을 집중할 필요가 있다. 2022년 기준 우리나라의 1인당 국민소득은 세계 29위인바 국민소득 순위에 훨씬 못 미치는 UN의 국민행복지수 순위(2022년 59위)를 임기 내 1인당 국민소득 순위 이내로 상승시키는 것을 국정 운영 목표로 삼을 필요가 있다.**

미국의 권위 있는 조사 업체인 'US뉴스앤월드리포트USNWR'가 발표한

* UN의 한국 행복지수 추이: 2013(41위)→2015(47위)→2016(58위)→2017(55위)→2018(57위)→2019(54위)→2020(61위)→2022(59위)

** 윤석열 정부는 임기말까지 1인당 국민소득 4만 달러 달성 목표를 제시했다.

2022년 강대국 순위에서 우리나라는 세계 6위를 기록하며 프랑스, 이탈리아, 일본을 추월했다. 1인당 국민소득도 조만간 일본을 추월할 것으로 전망된다. 현재 한국보다 1인당 국민소득 수준이 높은 28개국 중 UN의 국민행복지수(2022년 기준)가 낮은 나라는 사실상 중국 지배하에 있는 홍콩뿐이다.

중장기적으로는 우리나라의 국민 행복(삶의 만족도) 순위를 세계 20위권 이내, OECD 국가 중 중위권 수준으로 상승시키는 것을 목표로 삼고 국정을 운영할 필요가 있다. 이를 효율적으로 달성하기 위해서는 국민행복지수 하락에 가장 큰 영향을 미치는 요인을 분석해서 이를 개선하는데, 정책역량을 집중해야 한다. UN과 OECD 양대 기관 조사에서 우리나라 국민의 행복지수 하락에 가장 영향을 미치는 요인은 사회적 신뢰, 선택의 자유, 사회적 지원, 삶의 만족도, 환경 등으로 조사되었는바 이들 분야에 대한 개선이 시급하다고 본다.

특히, 한정된 국가 재원을 활용해야 하는 만큼 국민행복지수에 영향을 미치는 평가 항목 중, 선택의 자유 항목이나 사회적 신뢰(부정부패, 공정 등) 항목처럼 국가재정 투입 없이 규제 철폐나 부패 척결, 공정한 경쟁룰 확립 같은 제도 개혁을 통해 추진할 수 있는 부분은 조속하고 과감히 추진해 단기간에 성과를 거둘 필요가 있다.

국민행복지수 상승을 위해서는 정부의 정책역량 못지않게 정치 선진화가 중요하다. 우리나라와 같이 정치가 행정 · 사법 · 경제 등 모든 분야의 우위에 있는 후진적 구조 하에서는 정치 선진화 없이는 정치가 국민행복

지수 상승에 가장 큰 걸림돌로 작용할 수 있다. 현재 국민행복지수가 가장 높은 북유럽 국가들의 경우 정치권력이 국민의 삶에 별로 영향을 미치지 않은 공통점이 있다. 반면, 우리나라와 같이 정치권력이 국민의 삶에 영향을 많이 미치는 국가일수록 국민행복지수가 상대적으로 낮다.

가장 대표적인 해외 사례는 시진핑 정권의 중국과 푸틴 정권의 러시아다. 이들 국가 모두 강대국인데 비해 국민행복지수가 매우 낮다. 따라서 행복 국가 건설을 위해서는 정치 선진화를 위한 정치개혁이 선결과제이다.

국민행복지수 상승에 중요한 또 다른 한 축은 사회개혁을 통해 성숙한 사회, 건강한 사회를 만드는 과제이다. 선진국의 경우 대체로 사회적 자본* Social capital 면에서 높은 평가를 받고 있지만 우리나라의 경우 사회적 자본 면에서 낮은 평가를 받고 있다.

UN의 국민행복지수 평가에서도 한국은 종합순위에서는 50위권 후반을 차지했지만, 사회적 신뢰 부문은 그보다 훨씬 낮은 평가를 받고 있다. 사회적 신뢰는 경제성장과 민주주의 발전의 원동력이며 건전한 공동체 발전을 이루게 하고 갈등과 문제 해결을 위한 정치적 비용을 줄여준다. 사회적 신뢰 제고를 위해서는 공정한 게임룰 확립 등 제도개혁을 통해 공적부문에 대한 낮은 국민의 신뢰를 제고하는 것이 선결 과제다. 이와 함께 공동체 교육과 시민운동을 통해 성숙한 사회, 건강한 사회를 만드는 것이 필요하다.

* 사회적 자본은 개인 간 신뢰, 사회적 관계 신뢰, 제도에 대한 신뢰, 사회규범, 시민의 참여 등으로 구성되어 있다.

선진국일수록 시민단체를 통한 사회개혁과 국민 계몽운동이 활발히 추진되고 있다. 우리나라는 김대중 정부 이후 적극적인 시민단체 지원으로 시민단체 수나 활동이 눈에 띄게 늘어났으나 시간이 흐를수록 시민단체 활동이 이념에 경도되고 정치권력 지향적으로 되어 순수성이 훼손되고 사회 통합이나 사회적 신뢰 제고에 이바지하지 못하고 있다. 따라서 앞으로 시민운동은 탈이념, 탈정치 권력을 지향함으로써 국민의 행복과 사회적 신뢰 제고에 이바지하여야 한다.

우리나라 헌법 제10조에는 "모든 국민은 인간으로서 존엄과 가치를 가지며, 행복을 추구할 권리를 가진다."라고 규정하고 있다. 따라서 헌법에 규정된 국민의 행복 추구권을 국가가 보장해 줄 책임과 의무가 있는 것이다. 좋은 국가, 좋은 정치 지도자는 국민의 행복을 최우선으로 국정을 운영하여 국민의 행복 지수를 얼마나 높여 주는지 여부로 평가받아야 할 것이다.

1-3. 행복 선진국 진입을 위한 7개 과제(Agenda)

필자는 국민의 행복 증진을 위한 7대 과제Seven Agenda를 이 책에서 제안하고자 한다. 7가지 과제는 UN과 OECD에서 국민의 행복과 삶의 질 향상의 평가 기준으로 삼고 있는 내용과 대부분 일치한다. 여기에 우리가 처한 현실을 감안해서 국민의 행복 증진을 위해 우선적으로 해야 할 7대 과제를 선정하였다.

7대 과제는 다음과 같다.

1. 사회적 신뢰 제고

2. 미래 불안 해소

3. 선택의 자유 확대

4. 좋은 일자리 만들기

5. 경제 안정(물가 · 주거 안정, 경제위기 예방)

6. 국민 안전과 삶의 질 향상

7. 정치 선진화를 위한 정치 개혁

7개 과제는 대부분 역대 정부에서 추진해 왔으나 성과가 미진하거나 여러 가지 이유(기득권 저항, 정치적 이해득실, 재정 · 경제 여건 등)로 추진을 사실상 중단한 과제들이다. 성과가 미진한 가장 큰 이유는 5년 단임 정부의 한계로 인해 단기성과에 집착할 수밖에 없어 중장기적인 과제에 관해서는 관심이 소홀할 수밖에 없기 때문이다. 특히, 정치개혁이나 사회적 신뢰 제고, 미래불안에 대비한 사회안전망 확충 과제는 기득권 저항과 갈등 조정이라는 어려운 난제로 임기 내 해결을 회피한 측면이 있다.

개인이나 기업도 성장과 발전을 위해서는 긴 안목을 갖고 중장기 목표와 계획을 세운다. 하물며 국가 운영에 있어 백년대계는 아니더라도 중장기 목표와 계획이 없다면 국민의 미래를 보장하기 어렵다.

과거 박정희 대통령은 3차에 걸친 경제발전 5개년 계획을 통해 오늘날 우리 경제가 10대 경제 대국으로 도약할 수 있도록 초석을 만들었다.

노무현 대통령도 비록 정권 교체로 실천하지 못했지만, 정권 후반기에 '비전 2030'이라는 중장기 국가발전 계획을 수립했다. 윤석열 정부도 행복 선진국 진입을 위해 중장기 로드맵을 마련할 것을 제안한다. 행복 선진국은 모든 국민이 바라는 소망으로 이를 이루게 하는 것은 국가의 당연한 책무이기 때문이다.

우리나라는 경제면에서는 국제사회에서 이미 선진국 취급을 받았다. 근래에는 각종 국제 클래식 콩쿠르나 대중음악, 드라마, 영화 등에서 세계적으로 권위 있는 각종 상을 받는 등 문화 · 예술 면에서도 세계적인 위상이 높아지고 있다. 최근 한류열풍으로 한국의 소프트 파워와 브랜드 파워는 일본을 능가하고 있다. 외국인들이 보기에 한국인은 똑똑하고 공부와 음악, 드라마, 영화, 스포츠에 이르기까지 못하는 게 없을 만큼 재능이 많다.

한국전쟁으로 폐허가 된 1953년 국민소득 67달러에서 70년 만에 3만 달러를 넘는 국민소득을 달성한 나라는 한국이 유일하다. 하지만, 이런 긍정적인 측면에도 불구하고 국제사회에서 한국에 대한 부정적 인식도 여전히 존재한다.

한국인은 외국인을 배척하고 개방성이 부족하며 집단주의 문화와 지나친 경쟁으로 사회적 신뢰가 낮고 상대방에 대한 배려가 부족하다. 과격한 노동운동과 여야 간 대립 격화로 정치 · 경제 · 사회가 불안하고 사회적 갈등이 많다.

무역으로 10대 경제 대국이 되었으면서 국제사회에 기여가 적고 글로벌 스탠더드에 부합하지 않는 규제가 많다. 한국인이 국제사회에서 명실공히 선진국 국민으로 대우받기 위해서는 하루빨리 부정적인 인식을 해소할 필요가 있다.

1-4. 행복 선진국들을 벤치마킹하자

경제 선진국과 행복 선진국을 모두 달성한 국가의 경우 예외 없이 경제적 자유와 사회적 신뢰가 높고 타인에 대한 배려나 국제사회에 대한 기여가 높다. 또한 복지시스템과 사회안전망이 잘 갖춰져 있고, 정치와 노사관계가 안정되어있다. 따라서, 우리나라가 경제 선진국을 넘어 행복 선진국에 진입하기 위해서는 행복 선진국과 경제 선진국을 모두 달성한 국가들을 벤치마킹할 필요가 있다. 행복 선진국과 경제 선진국을 모두 이룬 나라로 우리나라가 특히 벤치 마킹해야 할 국가로 아래 3개국을 소개하고자 한다.

스웨덴

스웨덴은 정치가 평화롭고, 안정되어 있어 정권이 바뀌어도 국가정책이 일관성 있게 유지되어 기업들이 장기 플랜을 세울 수 있고 사회안전망이 잘 갖춰져 있어 국민의 미래에 대한 불안도 적다. 또한, 정치 · 사회 전반이 부정부패가 없이 깨끗하고 투명하다. 스웨덴 총리를 23년간 지낸 엘란데르 총리는 재임 중 임대주택에 월세로 살다 퇴임 후 거주할 집이 없어 당원들이 돈을 모아 조그마한 집을 마련해줄 만큼 공직자와 정치인의 청렴도가 높다.

노동시장의 유연성이 높고 노사관계가 안정되어 있다. 기업들도 수익 확대보다 고용인 처우개선에 노력하는 등 피고용자 보호에 대한 책임감이 높다.

네덜란드

네덜란드는 한국처럼 무역으로 먹고사는 작은 영토의 나라이지만 세계 2위의 농식품 국이고 금융 산업과 IT산업이 발달하여 있다. 네덜란드가 이처럼 무역 강국이 된 것은 외국인 투자에 우호적인 규제 환경과 조세 환경이다. 또한, 높은 국가 청렴도와 정부 · 민간 · 시민사회 · 연구기관 간의 민관협력 파트너십이 잘 발달하여 있고 노사관계도 안정되어 있다. 특히, 1982년 노동조합연맹과 경영자 단체연합 간에 체결한 바세나르 협약 정신을 노사가 잘 지키고 있는바, 사회적 신뢰가 높은 나라이기 때문에 가능하다.

이스라엘

이스라엘은 인접한 팔레스타인 등 아랍권과의 끊임없는 분쟁과 위험 속에서 국가 생존 차원에서 정부가 국방 · 보안 · 농업 · 에너지 산업을 전략적으로 육성하고 특히, 고부가 첨단산업 위주의 산업구조로 국민소득 5만 달러를 달성한 국가다. 우리나라가 이스라엘에 눈여겨 배울 점은 이스라엘이 소프트웨어, 정보보안, 방산, 바이오, 정밀 전자산업 등 첨단 산업 분야에서 세계적인 경쟁력을 갖게 한 후츠파 정신(실패를 두려워 않는 도전 정신)과 정부의 창업 벤처 육성 정책이다. 이스라엘의 출산율은 우리나라 출산율의 4배가 넘는 세계 최고 수준의 출산율(3명)인데, 비유대인의 높은 출산율과 출산은 축복이라는 사회 분위기, 국가의 완벽한 출산 지원 정책에 힘입은 바 크다.

II

행복 선진국을 위한 7가지 과제(Agenda)

[1]
사회적 신뢰 제고

1.

한국은 왜 사회적 신뢰가 낮은가

미국의 스탠퍼드대 교수인 프란시스 후쿠야마는 그의 저서 《Trust, 1995》에서 "신뢰는 믿지 못해 들어야 하는 거래비용을 절감시켜, 수익성과 생산성을 높여 경제성장을 촉진한다."라고 주장했다.

"선진국과 후진국의 차이는 신뢰 자본의 차이이며 신뢰 기반이 없는 나라는 사회적 비용 증가로 선진국 문턱에서 좌절할 수밖에 없다."라고 했다. 또한, "국가 운영에 법과 제도가 필수적이지만 충분치 않고 윤리 규범과 신뢰가 결합할 때 더 효과적으로 작동한다."라고 말하며 사회적 신뢰 수준이 낮은 국가일수록 규제가 많다고 지적했다.

이런 점에서 후쿠야마 교수는 한국과 중국, 이탈리아, 프랑스를 사회적 신뢰가 낮은 국가로 지목했다.

미국의 정치학자인 로버트 퍼드남은 "신뢰는 경제성장과 민주주의 발전의 원동력이며, 상호 호혜와 협력 촉진을 통해 건전한 공동체발전을 이루게 하며 갈등과 문제 해결을 위한 정치적 비용을 줄여준다."라고 주장했다.

영국의 싱크탱크인 레가툼연구소가 발표한 2019년 국가별 번영 지수(레가툼 지수*)에 의하면 한국은 전체 종합순위에서는 167개국 중 29위를 차지했지만 사회적 자본Social capital 부문에서는 142위라는 매우 낮은 순위를 차지했다. 이는 아프리카의 우간다, 남미의 페루, 중동의 레바논과 비슷한 수준이다. 사회적 자본은 개인 간 신뢰, 사회적 관계 신뢰, 제도에 대한 신뢰, 사회규범, 시민의 참여 등으로 평가받는다.

UN이 발표하는 국가별 행복 지수에서도 한국은 종합순위에서 50위 후반을 차지하지만, 사회적 신뢰 부문은 최하위권에 맴돈다. 2000년대 초, 41개국을 대상으로 조사한 연구 결과에 의하면 사회적 신뢰 수준이 15% 높아지면 경제 성장이 1% 증가한다는 결과를 게임이론으로 증명했다.

한국의 경우 신뢰에 바탕을 둔 사회적 자본형성이 크게 낮은 이유는 역사적으로 볼 때 정부나 지배계층에 대한 국민의 신뢰가 낮은 데 기인한다. 한국은 조선왕조 시대와 일본 식민지 통치, 6·25전쟁, 군부 개발 독재 시대를 거쳐 완전한 민주 정부를 구성한 지 불과 50년이 채 지나지 않았다.

* 레가툼 국가 번영 지수는 개인의 자유, 거버넌스, 사회적 자본, 국가행정, 안전, 보건, 교육, 생활환경, 경제의 질, 기간시설, 시장 접근도, 투자환경 등 12가지 항목으로 평가한다.

민주 정부 수립 이전 대다수 국민은 정부나 지배계층으로부터 억압과 수탈을 당했고(조선 왕조, 일제 식민지 시대), 의사결정 과정에서 자발적으로 참여하지 못했다. (군부 개발 독재 시대) 또한, 6·25전쟁과 군부 쿠데타로 인해 사회적 불안과 공포가 높았고 잦은 제도와 규칙 변경으로 정부나 공적 시스템에 대한 신뢰가 낮았다.

이처럼 한국은 선진국들과 비교할 때 공적부문에 대한 신뢰는 매우 낮았지만 학연 · 지연 · 혈연과 같은 비공식적 연줄을 통한 사적 신뢰는 높게 발달하여 연줄망 밖의 타인에 대해서는 폐쇄적인 모습을 보인다.
물론, 선진국들도 학연, 지연 등으로 인한 사적 모임이 있을 수 있으나 이들 단체는 주로 개인적 이익보다는 자신이 소속된 공동체에 봉사하거나 사회적 약자 기부 같은 공공의 이익을 고려하는 열린 공동체로서 활동하고 있어 청탁, 봐주기, 끌어주기 같은 개인적 이익에 몰두하는 우리나라의 사적 연고주의와는 차원이 다르다.

민주 정부가 수립된 이후에도 공적부문에 대한 신뢰가 크게 회복되지 않고 사적 연고에 의존하는 사회가 지속되는 이유는 크게 3가지로 구분해 볼 수 있다.

첫째, 게임의 룰이 공정하고 정의롭지 못하다는 인식 때문이다. 반칙과 특권이 성행하고 자기 능력이나 노력보다 부모찬스나 정권과 결탁해서 출세하거나 부자가 되는 불공정한 사회라는 인식이 대다수 국민 사이에 팽배하다.

통상 불공정이라고 함은 3가지 단계로 나누어 볼 수 있다.

① 출발선부터 불공정

② 과정이 불공정

③ 결과가 불공정

출발선부터 불공정하다는 것은 개인의 타고난 운세에 주로 기인하지만, 결과적으로 불공정한 사회가 되었다는 것은 한 국가나 사회의 제도나 관습이 불공정을 초래하는 구조적인 원인을 제공했다고 볼 수 있다. 예를 들어, 금수저나 재벌 3세처럼 태어날 때부터 돈 많고 잘난 부모를 갖고 태어난 것만을 갖고 불공정하다고 생각하는 국민은 많지 않다. 하지만 금수저나 재벌 3세와 같은 사회지도층 자제들이 취업이나 대학입시에서 특혜를 받거나 과정에서 불공정한 행위가 발생했다면 불공정하다고 생각할 것이다.

입시나 채용 과정에서 특혜나 비리처럼 과정상 명시적인 불공정도 있지만 입시제도 개선이나 로스쿨 제도 시행처럼 애초 도입목적과 달리 '개천에서 용 나는 세상이 사라지는' 불공정한 결과를 초래한 예도 있다. 국민이 게임의 룰이 불공정하다고 인식하게 되면 정부에 대한 불신과 분노가 커지고 공적 시스템보다 학연·혈연·지연과 같은 사적 연줄망에 대한 의존이 커질 수밖에 없다.

둘째, 정치적 요인으로 인해 사회에 대한 불신과 국민 상호 간의 갈등과 불신이 초래되는 경우이다. 우리나라의 경우 지역 간 갈등, 이념 간 갈등, 젠더Gender 간 갈등, 세대 간 갈등 등 대부분의 사회적 갈등은 정치적인 요인에 의해 초래되는 경우가 대부분이다. 대통령 선거와 총선, 지방 선거 때마다 정치인들이 선거기간에 표를 의식해 사회갈등을 악용하는 사례가 빈발했고 선거 후에도 사회 통합에 노력하지 않고 사회 갈등 요인을 계속 방치해 왔다.

대통령중심제를 채택하고 있는 미국이나 내각책임제(의원내각제)를 채택하는 대다수의 서구 유럽 국가들도 정치 지지 세력 간의 갈등이나 대립은 항상 있었다. 미국의 경우 트럼프 대통령이 선거 기간 중 사회 갈등 요인을 정치적으로 이용한 결과, 트럼프 대통령 이후 정치적 지지 세력 간의 대립과 갈등이 더욱 깊어졌다. 하지만 대부분의 서구 선진국의 경우 우리나라처럼 정치지지 세력 간의 갈등의 골이 깊지 않다.

우리나라의 경우 정권 교체시마다 과거 정권에 대한 적폐 수사와 함께 정책이나 인사 면에서 진영 논리를 앞세워 지난 정부의 정책을 뒤엎거나 편중 인사를 심하게 하였다. 그 결과 정치지지 세력 간의 갈등의 골이 갈수록 깊어져 마치 상대편을 적으로 간주하는 심리적 내전 상황을 방불케 했다. 조국 사태에서도 볼 수 있듯이 재판 결과 명백하게 드러난 잘못에 대해서도 지지자들이 인정하지 못하는 반지성적, 비합리적 현상이 팽배해 왔다. 진영 논리에 매몰된 지지자들은 보고 싶은 것만 보고 믿고 싶은 것만 믿는 팬덤정치의 노예가 되고 있다. 이런 현상은 지난 대선에서 승리한 윤석열 정부가 출범한 이후에도 계속되고 있다.

이처럼 국민통합을 저해하는 사회적 갈등의 중심에는 나쁜 정치가 자리 잡고 있다. 따라서 지금과 같은 국민통합을 저해하는 나쁜 정치를 개혁하지 않고는 경제 발전은 물론 국민 행복을 기대하기 어렵다.

셋째, 경제적 불평등도 사회적 신뢰 제고의 주요한 걸림돌로 작용하고 있다. 빈부격차가 태어날 때부터 발생한 예도 있지만 본인의 노력에도 불구하고 구조적으로 해결되지 못하거나 빈부격차로 인해 사회적 차별을 받거나 부의 축적과정에서 불법이나 정당하지 못한 방법이 동원되는 경우에도 사회적 갈등에 영향을 준다.

우리나라의 경우 재벌과 부자들의 재산증식 과정에서 특혜나 변칙을 동원했다는 인식이 팽배해 있어 재벌이나 부자들에 대한 평가가 낮고 반감이 높다. 또한, 과거 정부 주도의 경제 개발 과정에서 대기업에 대한 시혜성 정책과 노동자에 대한 희생을 강요했다는 시각이 사회적 갈등 요인으로 계속 자리 잡고 있다. 문민정부 출범 후 노동법 개정으로 노사 간의 관계가 대등한 수준으로 개선되었는데도 아직 과거의 시각에 머물러 있다.

정치 지형으로 볼 때 국민은, 보수정권은 부자, 대기업 편에서 정책을 운용하고 진보정권은 서민, 약자 편에서 정책을 운용한다는 이분법적인 선입견을 품고 있다. 하지만, 결과론적으로 보면 서민 정부를 내세운 진보정권에서 경제적 불평등이 심화되는 아이러니한 현상이 발생하고 있다. 가장 대표적인 것이 문재인 정부의 소득주도 성장 정책과 부동산 정책으로 서민 일자리가 줄고 주택가격 상승으로 경제적 불평등이 심화한 경우이다.

지난 대선에서 거대한 의석을 가진 집권당이 패배한 이유도 부동산 가격 상승으로 중산·서민 지지층이 돌아섰기 때문이다. 이처럼 한국의 사회적 신뢰가 낮은 이유는 다양한 갈등 요인에 기인한다. 다양한 갈등의 중심에는 나쁜 정치와 짧은 민주주의와 자본주의 시장경제의 역사가 자리 잡고 있다. 통상, 선진국의 경우 사회적 신뢰가 높은 데는 사회지도층의 솔선수범(노블레스 오블리주)과 시민단체들의 사회계몽 역할이 큰 비중을 차지하고 있으나 한국의 경우는 아직 미흡하다고 볼 수 있다.

시민단체의 경우 김대중 정부 들어 정부 지원을 바탕으로 숫자나 규모면에서 커졌지만 이념적 스펙트럼이 다양화되지 못하고, 선진국과 달리 지나치게 정치 지향적인 행태를 보여 순수 사회계몽 운동으로서의 역할을 못하고 있다. 특히, 진보성향 정권인 노무현, 문재인 정부에서 시민단체 출신이 국회나 청와대, 내각의 요직에 많이 참여함으로써 정부와 정치권을 견제해야 할 시민단체가 오히려 정치권력에 휘둘리는 모습을 보임으로써 시민단체의 순수성과 신뢰성이 크게 훼손되었다.

2.

사회적 신뢰 제고, 어떻게 높일 것인가

2022년 대선을 앞두고 국민 사이에서 가장 많이 회자한 단어 중 하나가 '공정과 정의'이다. 당시 국민을 분노케 하는 많은 불공정한 사례들이 국민에게 '공정과 정의'라는 단어를 떠올리게 했기 때문이다.

대표적인 사례가 조국 전 법무부 장관의 자녀 편법 입학, 청와대 및 정부 고위 공직자의 부동산 투기 의혹, 부동산 개발업무를 담당하는 LH공사 직원들의 개발정보를 이용한 부동산 투기 등이다.

이들 사례는 법을 솔선수범해서 지켜야 할 법무부 장관이나 부동산 투기를 감시해야 할 고위 공직자나 LH공사 직원이 오히려 법을 어기거나,

공정을 훼손한 사례로 소위 '내로남불'이라는 신조어를 유행시켰다.

이 밖에 대통령 말 한마디로 인천 국제공항공사의 비정규직을 일괄 정규직화한 사례는 공사 내 정규직들의 반발은 물론 가뜩이나 취업난이 심각한 상황에서 그동안 공기업 정규직 취업 시험을 준비해온 수많은 젊은이에게 공정한 취업 기회를 박탈시키는 대표적인 불공정 사례로 각인되었다.

또한, 2018년 평창동계올림픽을 앞두고 갑자기 정부 방침으로 여자 아이스하키팀 남북한 단일팀 결성이 이루어짐으로써 그동안 열심히 올림픽을 준비해온 실력 있는 남한의 여자 하키 선수들이 공정한 경쟁도 해보지 못한 채 출전 선수 명단에 오르지 못하는 사례도 젊은 층의 분노를 자아냈다.

이처럼 공정과 정의에 대한 잣대가 젊은 층을 중심으로 한층 엄격해지는 데는 과거와는 다른 도덕적 가치 기준과 함께 저성장 시대로 갈수록 좁아지는 취업문과 치열해지는 경쟁에서 원인을 찾을 수 있다. 특히, 사회지도층의 편법과 특권을 이용한 반칙이나 아빠찬스는 젊은 층의 분노를 더욱 확산시키고 있다. 또한, 소수 약자를 위한 우대정책인 취업 시 여성 우대나 고졸, 지방대 우대정책에 대해서도 공정 차원에서 젊은 층이 민감한 반응을 보이고 여기에 정치권이 가세하면서 남녀 간Gender의 갈등 문제로 비화하고 있다.

2-1. 공정한 경쟁룰 확립으로 국민의 분노지수 낮추자

앞에서도 서술한 바 있지만, 공정의 문제는 크게

① 출발선부터 공정한가

② 과정이 공정한가

③ 결과가 공정한가의 3단계로 나누어 볼 수 있다.

첫째, 출발선부터 공정한가의 문제는 흔히 금수저, 흙수저로 표현되며 타고난 운명이지만 출발선의 불공정이 결과에 최대한 영향을 미치지 않도록 제도나 관행을 검토할 필요가 있다. 《정의란 무엇인가, 2014》를 저술한 하버드대 교수인 마이클 샌델은 2021년 《공정하다는 착각》이라는 그의 저서에는 "개인의 성공은 가족, 교사, 지역사회, 국가들의 기반으로 이루어져 개인의 노력이라는 착각은 능력주의가 공정하다는 착각을 만들어낸다."라고 주장했다.

대표적인 사례로 미국의 공정하지 않은 대학 입시 제도를 비판했는데, 입시 결과는 개인이 처한 가정환경, 소득과 자산 수준, 지역사회 등의 영향 등으로 공정하다고 보기 어렵다며 입학컨설턴트를 통한 부정 매수로 옆문 입학한Side door 사례를 들었다. 이는 한국 상류층에서 유행한 대학입시 과열 경쟁 사례를 드라마 한 '스카이캐슬'을 연상시킨다.

마이클 샌덜 교수는 그의 저서에서 미국 명문대의 경제적 상류층 자제의 진학 비율이 매년 상승해 소득 상위 1% 자제가 소득하위 50% 자제보다 입학 비율이 높다고 지적했다. 샌덜 교수는 한국 언론과의 인터뷰에서 한국의 높은 교육열은 긍정적이나 너무 이른 나이에 인생 항로가 결정되는 한국 사회의 경쟁적 능력주의가 불공정 논란의 원인이 된다고 지적했다.

우리나라의 경우, 역대 정부에서 학벌 위주 사회를 없애기 위해 대학 입시 제도를 개편하여 학업 평준화를 추진해왔지만, 대학입시 과열경쟁은 사라지지 않고 있다. 고교입시제 폐지로 명문고가 사라진 이후 오히려 미국처럼 소득과 재산이 많은 상류층 자제의 명문대 입학 비율이 높아지고 있다. 또한, 과거 지방 명문고와 명문대가 퇴조하고 서울과 지방간의 학력 격차가 더욱 심화하는 현상을 보인다.

다행스러운 점은 최근 들어 공기업과 대기업, 금융회사들이 채용시험에서 학력 사항을 고려하지 않는 점이다. 결국, 학벌 위주 사회를 타파하려면 채용, 승진, 사업, 결혼 등에서 학력이 영향을 미치지 못하는 제도와 관습을 만들어갈 필요가 있다.

이처럼, 출발선의 공정 문제는 결과의 공정 문제와 직결되는데 마이클 샌덜 교수가 주장하는 것처럼 능력주의가 공정하다는 착각에서 벗어나 사회 전반에 나타난 불공정한 결과를 시정하기 위한 제도 개선과 불공정한 관습타파를 위한 사회 계몽운동을 추진해 나갈 필요가 있다. 예를 들어, 로스쿨 제도 도입 이후 소득과 재산이 많은 상류층 자제들의 변호사 및 판・검사 비율이 급격히 높아졌다면 현행 로스쿨 제도가 공정과 정의의 측면에서 보완할 점이 없는지 검토해볼 필요가 있다.

중소기업과 대기업 간의 경쟁 문제도 출발선부터 공정한 경쟁이 되기 어려울 것이다. 자본주의 시장경제 체제에서 자본력이나 기업 규모 면에서 우월한 지위에 있는 대기업이 중소기업과 경쟁하게 되면 자칫 대기업에 의한 시장독점이나 문어발식 기업 확장 문제가 발생할 수 있다.

그래서 국가가 공정한 경쟁 조성을 위해 독점 방지를 위한 규제 장치를 마련하고 중소기업 보호 육성을 위한 제도(예: 중소기업 고유 업종 제도)를 갖추고 있다. 하지만, 지나친 과보호는 오히려 공정한 경쟁을 저해하고 중소기업의 경쟁력을 약화하며 소비자 후생에도 역효과를 초래할 수 있다.

따라서 공정과 정의의 판단 기준은
① 시장경제의 자율성과 효율성을 저해하지 않고
② 어느 한쪽에 치우침이 없고
③ 소비자 후생이 극대화되는 방향으로 결정되는 것이 바람직하다.

둘째, 과정이 공정한가는 공정의 가장 핵심적인 요소다. 그동안 불공정 논란을 초래한 대부분의 사안은 과정상의 불공정문제다. 대학입시나 채용 과정에서 부모찬스를 동원했거나 불법이나 반칙을 한 경우가 여기에 해당한다. 특히, 사회지도층의 불공정행위는 국민적 분노가 크고 사회적 신뢰를 크게 훼손시킨다. 자본주의 시장 경제체제를 유지하는 데는 공정한 경쟁률 확립이 필수적이다. 우리나라는 공정한 거래 질서 확립과 소비자 보호를 위해 공정거래위원회를 두고 있고 자본시장에서의 공정한 거래 질서 확립을 위해 금융위원회와 금융감독원을 두고 있다.

공정한 룰 확립을 위해서는 법령과 같은 제도도 중요하지만 이를 감시·감독하는 당국의 역할도 중요하다. 그동안 형식적인 제도는 어느 정도 갖추었으나 제도를 우회하여 빠져나가는 각종 회피사례가 늘고 감독기구의 감독 불철저와 처벌약화로 공정에 대한 사회적 신뢰가 여전히 미흡한 것이 현실이다. 따라서 불공정거래와 관행에 대한 당국의 철저한 감독과 처벌강화가 필요하다.

우리나라의 경우, 현재 공정거래위원회가 전반적인 공정거래분야를 감시하고 금융 분야의 경우, 금융위원회와 금융감독원이 담당하고 있다. 하지만, 공정을 감독하고 감시하는 기구는 이들 두 기관에만 맡길 사안은 아니다. 모든 행정부서가 자기 소관 업무에서 공정이나 정의에 배치되는 부문은 없는지 살펴볼 필요가 있다.

특히, 국무총리실은 부처 간의 이해관계 충돌이나 부처 간 업무의 사각지대에서 발생할 수 있는 불공정 부문을 살펴보고 부처 간 이해대립을 조정할 필요가 있다. 경제의 디지털화와 새로운 산업이나 직업의 출현으로 종전과는 다른 새로운 영역이나 분야에서 공정의 이슈가 발생할 수 있고, 이해관계가 더욱 복잡다기화되어 현재의 감독역량으로는 대응이 충분할 수 없다. 따라서 이에 대비한 감독 인력의 확충이나 조직개편도 검토할 필요가 있다. 공정거래위원회나 금융감독기구의 경우 규제 완화에 따라 발생하는 여유 조직과 인력을 불공정거래감시에 투입하는 조직개편이 필요하다.

2-2. 공동체 교육과 건전한 시민운동으로 성숙한 사회 조성

사회적 신뢰 제고는 정부의 제도개선이나 감독만으로 달성하기 어렵다. 선진국일수록 사회적 신뢰가 높은 것은 성숙한 시민의식이 자리 잡고 있기 때문이다. 성숙한 시민의식은 어린 시절부터 가정이나 학교를 통해 예절과 공동체 의식, 윤리 규범 등을 교육과 학습을 통해 터득하게 된다.

따라서 가정이나 학교(초 · 중 · 고)에서 타인과 공동체에 대한 신뢰나 배려, 양보, 사랑, 타협, 존중과 같은 인성교육이나 공동체 교육을 충분히 습득하지 못할 경우 성인이 되어 성숙한 시민의식을 발휘하기 어렵다. 우리나라의 경우, 사회적 신뢰가 낮은 원인 중 하나로 가정이나 학교에서 공동체 교육이 충분하지 못한 데 있다고 생각한다.

과거 대가족제하에서는 어린 시절부터 가족 내에서 예절이나 윤리, 공동체 교육을 가족 구성원들을 통해서 배울 수 있었으나, 1~2명의 자녀를 둔 핵가족 사회로 변화하면서 가정을 통해 공동체 교육을 학습할 기회가 사라지고 있다.

또한, 신세대 부모들은 가정 내에서 공동체 교육보다 오히려 경쟁에서 상대를 이기는 방법을 가르치는 데만 열중하고 있다. 초 · 중 · 고에서도 인성 교육이나 공동체 교육보다 좋은 대학 · 좋은 직장을 가기 위한 학업 성취도 제고에만 열중하고 있다. 이런 환경에서 성인으로 자란 사회구성원들이 성숙한 공동체 의식을 갖기 어렵고, 결국 사회적 신뢰가 높을 수 없다.

따라서 가정이나 학교, 특히 초등학교나 취학 이전의 유치원이나 어린이집에서부터 공동체 교육을 할 수 있도록 사회 분위기를 조성하고 교육 당국에서 노력할 필요가 있다. 가정이나 학교에서의 공동체 교육이 확산하기 위해서는 시민단체 중심으로 시민 계몽운동을 추진할 필요가 있다. 지금과 같은 디지털시대에 유튜브나 SNS 계정을 통한 시민 계몽운동의 확산효과는 과거보다 훨씬 빠르다.

하지만, 현재 우리나라의 시민운동은 공동체 교육보다 정치 지향적이거나 이념 지향적인 시민운동에 편중되어 있다. 특히, 진보정권하에서 시민단체 출신 인사들이 정치 · 권력기관과 언론 · 교육 · 노동계에 대거 진출함으로써 시민단체 운동의 순수성마저 퇴색되고 있다. 이들 단체는 건전한 시민의식 함양을 위한 공동체 교육보다 특정 이념을 주입하거나 자신들의 정치적 · 경제적 목적 달성을 위해 시민운동을 추진하고 있어 오히려 사회적 갈등과 대립을 조장하는 측면이 있다.

선진국처럼 사회지도층의 모범과 솔선수범을 보여주는 '노블레스 오블리주' 운동이나 기부 운동, 기후 환경 보전 운동과 시민 안전 운동과 같은 공동체 이익을 위한 계몽 · 실천 운동이 우리나라에서는 미약한 실정이다. 진보정권 집권 이후 시민단체들이 우후죽순 늘어나고 특히, 지난 정부에서 시민단체에 대한 정부 지원이 엄청난 규모로 증가했지만, 운용실태에 대한 감독 미흡으로 불법 · 유용사례가 상당수 드러나고 있다.

윤석열 정부 들어 시민단체의 정부 보조금 운용실태를 점검하고 있는바,

차제에 시민단체의 정체성 재확립을 위해 정치나 이념 지향적인 시민단체에 대한 정부 지원을 배제하고, 시민단체 본래 목적인 공동체 교육을 통한 사회 갈등 해소, 공동체 행복, 안전, 환경개선 등을 중심으로 건전한 시민운동이 전개되도록 지원할 필요가 있다.

2-3. 사회적 갈등 해소 없이는 지속 가능한 발전 어렵다

사회적 갈등의 원인으로는

① 빈부 갈등

② 세대 간 갈등

③ 남녀 간Gender 갈등

④ 노사 간 갈등

⑤ 지역 간 갈등

⑥ 이민자 갈등 등 다양한 요인이 있다.

앞서 언급했듯이 다양한 갈등 요인은 제도나 관습 또는 정치 · 경제 · 사회적 요인으로 발생해왔다. 사회적 갈등을 해소하려면 갈등을 유발한 원인을 찾아서 근본 대책을 수립하는 것이 적절한 해법이다. 하지만 갈등의 골이 깊거나 갈등 당사자 간의 이해충돌이 첨예하게 대립할 때는 갈등을 조정 · 중재할 갈등 조정기구의 역할이 필요하다.

역대 정권에서 사회적 갈등 업무의 상당 부분은 경제부처와 비경제부처 간의 업무를 조정해온 총리실에서 담당해왔다. 하지만 대통령 자문기구로 별도의 위원회*를 만들어 해당 분야의 갈등을 해결토록 하는 예도 있었다.

갈등의 원인이 제도적 요인이나 사회적 관습·관행에 기인할 경우, 단기적으로 해결이 쉽지 않기 때문에 대통령 직속의 자문기구를 통해 중·장기적인 해결방안을 지속해서 모색해 나갈 필요가 있다. 빈부격차, 남녀갈등, 세대 갈등 문제는 과거 노무현 정부에서는 대통령 직속 자문기구인 빈부격차 차별 시정 위원회에서 주로 담당해왔다.

윤석열 정부에서도 노사 간 갈등 조정은 경제사회노동위원회가, 세대 간 갈등은 저출산·고령화 대책 위원회가, 지역 간 갈등, 남녀 간 갈등, 국내 거주 외국인 간 갈등 문제는 국민통합위원회에서 각각 담당하여 해결토록 하면 될 것으로 보인다. 다만, 위원회가 정권 차원을 넘어 지속 가능하게 유지되고 성공적으로 운영되기 위해서는 정치색을 배제하고 각계의 전문가 중심으로 중립적으로 구성할 필요가 있다.

또한, 위원회에 정부 부처 고위공무원이나 대통령실 고위직을 참여시켜 위원회의 실행력을 높일 필요가 있다. 국무총리실의 경우는 당면 현안이 되는 단기적 사회갈등 문제조정을 담당하는 것이 바람직하다.

* 빈부격차 차별시정 위원회, 노사 간의 이해조정을 위해 설립된 경제사회노동위원회, 국민통합위원회 등이 있다.

과거 원자력 발전소 폐기물처리장 문제나 근래 쓰레기 소각장 설치 · 이전 문제, 전국 장애인 차별철폐 연대의 지하철 시위 문제 등이 여기에 해당한다. 빈부격차 같은 갈등 문제는 주로 경제 제도나 정책에서 기인한 측면이 있으나, 비경제적인 측면(예를 들어, 정보격차, 교육격차 등)도 영향을 미치므로 대통령 직속의 별도 위원회를 설립하여 빈부 격차 해소 문제를 종합적이고 중 · 장기적으로 해결하도록 하는 것이 바람직하다고 본다.

우리나라의 경우, 사회적 갈등이 서구 선진국보다 큰 것은 사회적 역동성이 큰 데에도 원인을 찾아볼 수 있다. 역동성이 크다는 것은 그만큼 변화의 속도가 빠르다는 것이며, 기존체제와 새로운 체제와의 갈등이 필연적으로 수반될 수밖에 없다. 우리나라는 식민지 해방과 6·25 전쟁을 거쳐 폐허 위에서 불과 70여 년 만에 세계 10대 경제 강국으로 도약했고, 최근에는 문화 · 예술 강국으로 발돋움하고 있다.

이웃 나라인 일본의 경우, 고령화 등의 원인으로 역동성이 낮아 변화의 속도가 느리다. 한때 미국을 추월하는 세계 최강의 경제 대국을 넘보았으나, 변화의 속도가 느려 경제 · 사회 전반이 정체되어 있다. 2022.12.31 미국 주간뉴스 잡지인 '유에스뉴스앤드월드리포트'는 한국을 2022년 전 세계 가장 강력한 국가 6위에 선정했다.

작년 조사에서 한국은 전통 강대국인 프랑스와 일본을 추월했는데 K-pop · 드라마 등 한국의 문화 · 예술 면에서의 세계적 영향력 증대가 순위상승에 영향을 미친 것으로 보인다. 불과 50여 년 전 우리 국민이나 세계 각국은 한국이 세계의 중심에 등장할 줄은 아무도 상상하지 못했을 것이다.

이 같은 결과를 가져온 것은 변화를 몰고 오는 한국 사회의 역동성에 있다. 하지만, 역동성은 변화와 변화를 거부하는 기득권 간의 갈등을 필연적으로 수반한다. 앞으로 한국이 지속가능한 발전을 위해서는 역동성을 유지하면서 얼마나 사회갈등을 원만히 해소하는지에 달려있다.

2-4. 빈부격차(경제적 불평등) 해소는 방법 선택이 중요

사회적 갈등의 가장 핵심 요인 중 하나가 경제적 불평등이다. 경제적 불평등 문제*는 한국만의 문제가 아닌 세계적인 이슈이고 자본주의 시장경제체제를 가진 모든 국가의 공통적인 현상이다.

역사적으로 볼 때 경제적 불평등 문제는 산업혁명과 같은 새로운 기술의 발견과 대공황(1929년)이나 글로벌 금융위기(2008년)를 거치면서 부의 양극화가 심해져 왔다. 대공황이나 금융위기가 발생하면 기업 등의 도산 증가로 실업자가 급증하는 등 경제 상황이 급격히 악화되므로 위기 극복을 위해 정부가 재정 · 통화 정책을 통해 시중에 돈을 대량으로 풀 수밖에 없어 이 과정에서 자산 가격의 버블현상이 발생해 부자와 가난한 사람 간의

* 사회주의 국가인 중국 · 러시아도 경제적 불평등 문제가 존재한다.

자산 양극화 현상이 심화할 수밖에 없다. 또한, 새로운 기술이 등장하는 산업혁명은 기술과 정보격차로 인한 부의 불평등을 심화시킨다. 즉, 새로운 기술 발견은 자본투자와 필연적으로 결합할 수밖에 없어 신기술과 결합한 자본의 수익률이 경제성장률을 웃돌 수밖에 없어 자본을 가진 자와 그러하지 못한 자의 부의 양극화가 심화된다.

한때 세계적으로 경제적 불평등에 관심을 불러일으킨 파리 경제대 교수인 토마 피케티는 그의 저서 《21세기 자본》에서 자본주의에 내재한 불평등 요인을 실증적으로 분석하고 파격적 대안을 제시해 세계적으로 피케티 열풍을 불러왔다.

피케티는 자본의 수익률이 경제성장률보다 높은 자본주의경제의 속성으로 인해 자본을 소유한 부자들에게 부의 쏠림 현상이 발생할 수밖에 없고 이를 정부가 방치할 때 부의 대물림 현상으로 인해 불공정한 사회가 되고 국민의 분노 폭발로 민주주의 체제를 종국적으로 위협할 수 있다고 했다. 피케티는 낙수효과에 의해 성장과 불평등 관계를 낙관한 쿠즈네츠와 같은 경제학자들의 이론에 의문을 제시하며 상속 · 증여세 강화와 같이 부자들에 대한 세금 강화로 불평등해소를 적극적으로 추진해야 한다고 주장했다.

실증적으로 보아도 경제가 호황일 때는 자본투자가 늘고 자본의 수익률이 높아진다. 반면, 경제가 불황일 때는 자본투자가 줄고 자본의 수익률이 낮아져야 하나 경기부양을 위한 재정 · 통화 정책으로 돈이 많이 풀려 자산 버블이 발생함으로써 자본을 가진 자산가들의 부가 오히려 증가하는 현상이 발생하게 된다. 실례로 2008년 글로벌금융위기와 코로나19 이후 각국 정부의 대규모 재정·금융 완화정책으로 세계 각국의 경제적 불평등 상황이 오히려 심화하였다.

과학기술 혁신도 경제적 불평등을 초래하는 중요 요인이다. 기술과 자본의 격차로 인한 국가 간, 기업 간, 개인 간의 불평등이 심화하고, 기술과 자본력을 가진 글로벌 다국적 기업들에 의한 경제 종속 문제도 심화하고 있다.

또한, 디지털 정보사회로의 이행으로 인해 지식·정보 격차는 노동 소득에서도 불평등을 심화시키고 있다. 일례로, 선진국으로 갈수록 상위 1% 소득자의 전체 소득 점유율이 갈수록 기하급수적으로 증가하고 있다.
이처럼 코로나19와 4차 산업혁명으로 인한 디지털 경제로의 이행을 겪고 있는 세계 각국이 경제적 불평등 심화로 인한 사회적 갈등과 분노로 민주주의의 위기를 겪고 있다.

우리나라도 경제적 불평등 문제가 사회 갈등과 국민 분노의 주요 원인으로 작용하고 있다. 특히, 과거 고도성장 시대에 대기업 중심의 수출주도 경제 성장 정책*으로 재벌들이 정부의 각종 특혜로 성장했다는 국민적 인식이 팽배해있다.

* 당시 우리 경제 상황에서 대기업 중심의 수출주도 성장정책은 불가피했고, 결과적으로 한강의 기적과 같은 눈부신 성공을 가져와 오늘날 세계 10대 경제 강국의 초석이 된 것도 부인할 수 없는 사실이다.

경제적 불평등 심화 현상에 대해서는 정파를 떠난 정치권이 모두 공감하면서도 정권에 따라 경제적 불평등 해소를 위한 접근 방식에는 결을 달리하고 있다.

보수정권의 경우, 성장과 분배를 병행하면서 성장을 통한 낙수효과가 아랫목에까지 퍼질 수 있도록 하고 시장실패로 피해를 보는 저소득·취약계층에 대한 사회 안전망 강화를 통해 경제적 불평등 문제 해소에 역점을 둔다. 반면에 진보정권의 경우, 적극적인 분배정책을 통한 경제적 불평등 해소에 역점을 둔다.

대표적인 사례가 피케티의 주장대로 상속·증여세 강화와 부자들과 대기업에 대한 소득세율과 법인세율 인상 조치다. 특히, 진보 정부의 경우, 이념적이고 정치 공학적으로 빈부격차 문제를 해소하는 정책*을 추진함으로써 오히려 부작용으로 인해 경제적 불평등이 악화하는 결과를 초래하였다.

경제적 불평등 문제에 대한 선진국들의 접근방식을 보면, 미국의 경우, 2008년 글로벌 금융위기로 반월가 시위 등을 겪으면서 금융자본에 대한 규제를 강화하였지만, 성장과 분배를 병행하는 정책을 고수하고 있다. 물론, 공화당과 민주당에 따라 다소 결에 차이는 있지만 기본적으로 안정적인 경제 성장(고용, 물가)을 우선시하고 있다.

* 대표적인 사례로 소득 주도 성장정책, 부동산 정책 등이 있다.

유럽도 성장과 분배를 병행하는 정책을 고수하고 있지만 사회안전망과 같은 복지정책에 큰 비중을 두고 있다. 역사적 · 경험적으로 볼 때, 경제위기나 대공황과 같은 경기침체, 극심한 인플레이션이 발생하면 경제적 약자들의 피해가 증대해 경제적 불평등이 악화하는 현상이 발생했다. 따라서 경제의 안정적 관리는 경제적 불평등 악화를 막기 위한 정부의 기본적 책무라고 할 수 있다.

성장과 분배, 어느 쪽에 우선순위를 둘 것인가의 문제는 성장 없이는 모두가 만족할 수 있는 분배 문제 해결이 어렵고 경제 호황기보다 침체기에 사회적 갈등과 국민적 분노가 커지는 것이 이를 말해준다. 자본주의 시장경제 체제를 채택한 대부분의 국가가 성장을 통해 경제의 파이를 키워 분배 문제를 해결하는 정책을 채택하는 이유다.

이런 이유로 미국 등 선진국의 경우, 지속적인 성장을 위해 상속 · 증여세율을 낮추고 법인세율을 인하하는 추세다. 반면, 우리나라의 경우, 높은 상속 · 증여세율을 유지하고, 문재인 대통령 정부 당시 법인세율을 오히려 인상한 바 있다.

일부 중남미 국가들이 분배 문제를 앞세워 포퓰리즘적인 정책을 추진했지만 대부분 경제위기 발생으로 오히려 불평등 심화의 결과를 초래했다.

우리나라도 경제적 불평등 문제가 사회갈등의 주요 요인이 되지만 경제적 불평등 그 자체보다

① 부의 축적 과정에서의 변칙이나 특혜 등 불공정문제

② 자신의 부를 이용해 영향력을 행사하는 불공정문제

③ 부의 대물림(금수저)으로 인해 노력하지 않고 불공정한 경쟁사회가 되는 문제들이 오히려 사회적 갈등 요인이 되고 있다.

따라서 경제적 불평등과 관련한 사회 갈등 해소를 위해서는 대기업이나 부자들의 특권(갑질 등)이나 부를 이용한 불공정 소지를 차단하는 데 역점을 둘 필요가 있다. 경제적 불평등 문제는 자본주의 시장경제 국가나 사회주의 독재 체제 국가나 발생 원인에 차이는 있으나 공통으로 겪고 있는 현상으로 기후변화문제와 함께 인류의 미래를 위협하는 가장 큰 두 가지 이슈다.

하지만, 역사적 경험으로 볼 때, 자본주의 시장경제 체제에서 경제적 불평등 해소는 단기간에 해결될 문제는 아니며, 지속가능한 경제성장, 공정한 경쟁질서 확립, 경제적 약자(빈곤층)에 대한 복지 확대와 같은 사회 안전망 확충 3가지 정책을 병행함으로써 실현 가능하다고 볼 수 있다.

[2]
미래 불안 해소

1.
미래 불안의 주요 원인

아무리 낙천주의자나 현실주의자라도 누구나 한 번씩은 미래를 걱정하며 살아간다. 인류의 역사를 보아도 인간은 숙명적으로 미래의 불안에 노출되어 진화됐고 미래의 불안을 극복하기 위해 발전해 왔다. 미래가 불안하다고 느끼면 현실에서 인간이 느끼는 행복은 줄어들 수밖에 없다.

따라서 행복 국가 건설을 위해서는 국가가 나서서 국민의 미래 불안을 해소할 수 있는 중장기적인 비전을 제시할 필요가 있다. 미래 불안의 가장 큰 요인은 노후 걱정, 건강 걱정, 일자리 걱정, 사회 안전망에 대한 불안 등이 있다.

1-1. 노후 불안

100세 시대를 바라보는 고령화 사회가 될수록 노후에 대한 걱정이 커질 수밖에 없다. 2022년 OECD 보건 통계에 의하면 한국인의 2020년 기준 평균 기대수명은 83.5년으로 일본(84.7년)에 이어 OECD 2위를 기록했다. 한국의 경우 2010년 기대수명이 80.2년(OECD 21위)에서 10년 사이 3.3년이 길어지면서 장수국가 순위가 급상승했다. 한국인의 평균 퇴직 연령*이 54~56세인 점을 고려하면 퇴직 후 30년가량을 정기적인 소득 없이 버텨야 한다.

지난해 OECD 통계에 의하면 우리나라 노인 빈곤율은 OECD 전체 38개국 중 1위인 43.4%로 OECD 평균 13.1%의 3배 수준으로 높다. 우리나라 노인 빈곤율이 높은 이유는 국민연금 · 기초연금 등 노후 소득에서 공적 이전 소득이 차지하는 비중이 25.9%로 G5 선진국 평균 56.1%에 비해 크게 낮기 때문이다. 또한 사적연금 가입자 비율도(15~64세 기준) 한국은 17%로 G5 선진국 55.4%에 비해 크게 낮다. 이처럼 우리나라 노인의 경우 은퇴 후 노후에 대비한 준비가 선진국들에 비해 크게 미흡하므로 노후에 대한 불안이 크다.

최근 통계청 사회조사에 따르면 자녀가 부모를 부양해야 한다는 의식이

* 2021년 10월 잡코리아 조사에 의하면 체감 퇴직 연령은 만 51.7세로 4차 산업혁명 및 저성장 추세로 퇴직연령은 계속 낮아질 것으로 전망된다.

2008년 41%에서 2021년 19.7%로 급격히 줄었다. 국민의 62%가 부모의 부양을 정부 · 사회 책임으로 인식하고 있다. 하지만 전체 노인 인구의 43%인 367만여 명이 국민연금을 못 받고 있고 전체 기초 생활 수급자(235만 명) 중 65세 이상이 36%(85만 명)에 달하며 이 중 8만여 명은 기초연금 대상에서 빠져 있다.

1-2. 건강 불안

우리나라 국민의 사회의식 조사에 의하면 노후에 가장 관심이 큰 분야가 건강(37.3%), 은퇴 자산 부족(21.8%), 가족과 함께하는 분위기(15.9%), 직업교육 및 일자리(14.5%), 노후 외로움(12.4%)으로 나타났다.

우리나라 국민의 기대 평균 수명이 세계 최고의 의료보건 수준으로 인해 OECD 국가 중 2위에 달한 만큼 높아졌지만 건강하게 사는 '건강수명'은 2020년에 66.3년으로 2012년 65.7년에 비해 크게 나아지지 못했다. 기대수명과 건강수명의 차이인 17.2년을 각종 질병으로 고생하고 있다. 이처럼 노후에 각종 질병으로 고생하고 있지만 충분한 은퇴 자산 부족과 개인 건강보험 가입 불충분으로 노후 건강에 대한 불안이 크다.

그동안 우리나라의 경우 국민건강보험 제도와 장기 요양보험 제도 등 잘 갖춰진 공적 건강 보험 제도와 실손 보험 제도와 같은 사적 건강보험 제도로 인해 다른 선진국에 비해 저렴하게 건강관리를 할 수 있었지만, 공적 건강보험 제도의 재정 상황 악화와 사적 건강보험의 손실 증대로 보험료 인상 등이 향후 예상되어 저렴한 건강보험 제도의 지속가능성에 우려가 커지고 있다.*

1-3. 일자리 불안

일자리 문제도 미래 불안의 중대한 요인이다. 특히, 사회에 첫발을 딛고 결혼을 앞둔 20 · 30대의 경우 일자리 문제가 미래 불안의 가장 큰 요인이다. 결혼 연령이 늦어지고 미혼 인구(1인 가구)가 증가하며 출산율이 낮아지는 이유도 일자리 문제로 인한 젊은 층의 미래 불안이 가장 큰 원인으로 작용한다. 40~50대의 경우도 자녀 교육비 지출 · 자녀 결혼 비용 · 주거비 마련 · 부모 부양 · 조기 은퇴 등으로 정작 본인의 노후 대비가 충분하지 못한 데 대한 불안이 크다.

저출산 · 고령화 사회 및 저성장 경제로 갈수록 일자리 문제와 노후 대비와 관련한 세대 간의 갈등도 커지고 있다. 성장둔화로 갈수록 일자리는 줄어들고 있지만 정년 연장이나 노동조합의 기득권 보호를 위한 노동운동으로 청년들의 취업 문턱은 계속 높아지고 있어 세대 간 갈등으로 번질 수

* 국민건강보험의 경우 2023년부터 적자 전환이 예상되고 2028년에는 적립 예비비가 모두 고갈될 것으로 전망되며, 장기 요양보험도 2022년에 적자로 전환되었고 2026년에 재원이 고갈될 것으로 전망된다.

있다. 특히 노후 준비 부족으로 65세 이상 노인의 경제활동 참가가 높아지면서 문재인 정부 기간 늘어난 일자리의 절반가량은 65세 이상 노인들이 차지했다.

1-4. 사회 안전망에 대한 불안

국민연금, 기초연금, 노령연금 등 사회 안전망에 대한 미래 불안도 젊은 층의 저출산에 영향을 미치고 있다. 현재(2022. 3월 기준) 국민연금의 월평균 급여액은 개인 기준으로 월 58만 원, 부부 기준으로 월 89만 원으로 노후 생활비에 훨씬 못 미치는 수준이다. 그나마 국민연금의 지급 여력도 현행 구조가 계속되면 적자 전환으로 지속가능성을 담보하기 어렵다.

국민연금 가입자 100명당 부양해야 할 수급자 수가 2020년에는 19.4명에서 2050년에는 93.1명으로 5배나 급증하기 때문에 획기적인 국민연금 구조 개편 없이는 미래 세대에 대한 국민연금 지급 여력을 담보하기 어렵다.

실업에 대한 불안도 미래 불안의 중요 요인이다. 특히, 자녀와 부모를 함께 부양해야 하는 40~50대의 경우 실업이 가장 큰 미래 불안 요소이다. 우리나라의 경우 '97년 외환위기로 실업자들이 급격히 양산된 바 있고 당시 IMF의 권고로 고용보험 제도가 도입된 이후 지속해서 확대된 바 있다. 하지만 플랫폼 경제 확산 등 다양한 고용 형태 도입에 따른 고용보험 대상 확대와 고용보험 지급 요건 및 수준 향상 등 아직도 보완해야 할 부분이 많다.

2.

미래 불안이 초래하는 경제·사회 문제들

2-1. 인구 절벽, 높은 자살율과 우울증 환자

미래 불안이 초래하는 가장 대표적인 부작용은 젊은 세대들의 결혼과 출산 포기로 출생률이 계속 감소해 인구 절벽이 초래되는 현상이다. 지난해 전국 만 35세 이하 미혼 남녀를 대상으로 한 조사에서 미혼여성의 62.5%, 미혼남성의 52.4%가 출산에 부정적으로 응답했다. 출산에 소극적인 이유로 취업, 주거비용, 보육 문제, 자녀 사교육비 등으로 인해 결혼과 출산에 부정적으로 인식하고 있기 때문이다.

또 다른 연구조사에서도 저출산 원인으로 육아로 인한 경제적 부담, 사회, 미래에 대한 막막함, 일과 가정 양립의 어려움을 주요 원인으로 들었다.

그 결과 우리나라 출산율*은 매년 감소해서 2022년에 0.79%로 전 세계적으로 유례를 찾기 힘든 초저출산국이 되었다.

계속되는 출산율 저하로 우리나라는 2021년에 정부 수립 후 처음으로 인구가 감소하는 해로 전환되었다. 출산율 저하로 유소년(0~14세) 비중은 세계 평균(25%)의 절반에도 못 미치는 12%에 불과했지만 65세 이상 고령자 비율은 17.5%로 세계 평균(9.8%)의 2배에 달한다.
문제는 지금과 같은 출산율 감소 현상이 지속되면 2040년에는 인구의 1/3이 고령층이 되고 2070년에는 인구의 46.4%가 고령층으로 일본(38.7%)보다 늙은 국가가 될 전망이다.

한국의 출산율 저하는 외신에서도 주목할 정도인데 CNN은 한국 정부가 지금까지 약 2,000억 달러(280조 원)를 투여했지만, 미국(1.6%), 일본(1.3%)보다 낮은 출산율로 세계에서 가장 고령화된 사회가 될 것으로 전망했다. 인구 감소가 미래에 초래할 사회적 · 경제적 영향은 가히 재앙적 수준이다. 학생 수 감소로 상당수의 초 · 중 · 고 · 대학이 문을 닫아야 하고 입대 인원 감소로 안보 문제도 심각해진다.

가장 심각한 것은 생산 인구 감소와 내수 감소로 인한 성장 둔화 등 경제적 충격이다. 또한 미래 세대가 국민의 절반에 육박하는 노령 인구를 부양

* 우리나라 합계 출산율은 2017년 1.05%, 2019년 0.92%, 2021년 0.81%, 2022년 0.79%로 매년 줄어들고 있다.

하는 문제로 국민연금은 물론 건강보험에서도 적자가 발생해 지금의 청년 세대들은 연금만 낼 뿐 혜택은 보지 못하는 상황이 초래될 수 있다. 이는 세대 간의 갈등을 유발하는 요인으로 작용해 한국 사회 불안과 분열의 큰 암초가 될 것이다.

미래 불안은 이 밖에도 여러 가지 사회 현상을 유발한다. 결혼을 포기하는 비혼 인구의 증가로 1인 가구 비중이 급증하는데 2020년 기준 우리나라의 1인 가구는 전체 가구의 39.2%인 900만 세대에 달한다. 1인 가구 증가는 과거 대가족 제도와 달리 사회 단절 현상을 초래해 고독사와 노인 자살 증가의 원인으로 작용한다.

우리나라의 자살율과 우울증 발생 비율이 OECD 국가 중 1위를 계속 차지하는 것도 미래 불안이 주된 원인이다. 2021년 기준 한해 극단적 선택으로 목숨을 잃은 사람은 13,300명으로 10만명 당 23명 정도인바, 학업스트레스로 인한 청소년 자살과 노후빈곤으로 인한 노인자살율이 높으며, 최근에는 우울증으로 인한 젊은 층의 자살 비율도 늘고 있다.

청년들의 경우 미래 불안의 가장 큰 요인이 취업이나 주택 마련, 노후 대비이다. 최근 20 · 30대를 중심으로 주식이나 코인, 주택에 빚내어 투자하는 '영끌 투자'가 논란이 되는 것도 젊은 층의 미래 불안에 기인하는 현상이다.

2-2. 미래 불안을 해소할 중장기 청사진이 필요

미래 불안으로 나타나는 다양한 사회적 부작용을 해소하려면 미래 불안을 초래하는 정확한 원인과 현상을 진단하고 맞춤형 대책을 마련할 필요가 있다. 미래 불안을 해결하기 위해서는 우선, 우리 사회 전반의 불확실성을 줄여 미래를 예측할 수 있는 사회로 만들 필요가 있다. 이를 위해서는 국가가 중장기적인 미래 청사진을 국민에게 제시할 필요가 있다. 과거(2006년 8월) 노무현 정부 당시 '비전 2030 함께 가는 희망 한국'이라는 국가 장기 종합 전략을 발표한 것이 대표적인 사례다.

'비전 2030'은 성장 동력 확충, 인적 자원 고도화, 사회복지 선진화, 사회적 자본 확충, 능동적 세계화 등 5개 분야에 총 50개 정책 과제(26개 제도 혁신 과제와 24개 선제적 투자 과제)를 제시하고 있다. 이를 달성하기 위해 25년간 GNP의 약 2%(2006년~2010년 GNP 0.1%, 2011~2030년 GNP 2.1%)에 해당하는 재원이 소요된다고 추정했다.

'비전 2030'은 미국 오바마 정부 당시 발표한 해밀턴 프로젝트를 벤치마킹했다는 지적도 있지만 당시로는 상당히 담대한 중장기 국가 비전을 제시했다는 의미가 있다. 이는 박정희 정부의 개발 성장 시대에 여러 차례 발표된 경제 사회 발전 계획과 유사하다. 박정희 정부 당시 경제 · 사회 발전 계획이 한국경제를 선진국으로 도약하는데 밑거름이 되었다면 노무현 정부 당시 발표된 '비전 2030'이 그 후 제대로 실천되었다면 한국경제 · 사회 발전과 국민 불안 해소에 상당히 기여했을 것으로 생각된다.

하지만 '비전 2030'이 정권 후반기에 발표되었고 구체적인 재원 조달 계획이 불투명하여 실현 가능성이 떨어지고 보수 정권인 이명박 정권으로 교체되면서 사실상 폐기됨에 따라 빛을 보지 못했다. '비전 2030' 발표 당시 많은 전문가가 재원 조달 계획에 구체성이 없어 실현 가능성이 낮은 청사진에 불과하다고 지적했으나, 우리 사회가 당면한 저성장, 고령화, 양극화 문제에 대한 중장기 국가 전략을 수립했다는데 나름대로 의미를 부여할 수 있다.

지난해 출범한 윤석열 정부에서도 우리나라가 당면한 미래 불안 문제의 근본적 해결을 위해 노동 개혁 · 연금 개혁 · 교육개혁을 추진하고 있고 대통령 직속 '저출산고령화사회위원회'를 출범시켜 대책 마련에 나서고 있다. 하지만 과거 노무현 정부의 '비전 2030' 같은 중장기 국가 전략은 정권 교체와 관계없이 추진되어야 함에도 5년마다 정권 교체로 인해 유명무실해질 우려가 있다. 따라서 차제에 노동 · 교육 · 연금 개혁과 같은 중장기 과제는 정권 교체와 관계없이 안정적으로 추진될 수 있는 안전장치(입법화)를 마련할 필요가 있다.

연금 개혁이나 건강보험 개혁과 같은 미래에 대비한 개혁은 국민에게 고통과 부담을 요구할 수밖에 없어 인기가 없는 정책이 될 수밖에 없다. 그래서 역대 정권에서도 필요성을 인식하면서도 정치적 득실과 거센 저항을 의식해 개혁을 포기하거나 타협을 통한 미봉책에 그쳤다. 하지만 저출산 · 고령화로 인해 멀지 않은 시기에 공적연금과 건강보험은 재원 고갈로 지속 가능성이 어려운 만큼 국민에게 실상을 소상히 밝히고 여론 수렴을 통해 이른 시일 내 대책 방안을 마련하는 것이 국민의 미래 불안으로 인한 각종 부작용을 해소하는 지름길이다.

3.

미래 불안, 어떻게 해소할 것인가

3-1. 실효성 있는 저출산 · 고령화 대책 필요하다

미래 불안으로 인해 나타나는 가장 대표적인 사회현상이 저출산이다. 우리나라는 역대 정부가 저출산 대책으로 그동안 280조에 상당하는 국가 재정을 투입했음에도 세계 최하위의 출산율 국가라는 오명을 받고 있다. 우리보다 일찍 출산율 하락을 겪은 대부분의 서구 선진국들은 정부의 지속적인 저출산 대책으로 출산율이 다시 반등하고 있다. 예를 들어, 한때 출산율이 1 이하로 떨어졌던 프랑스, 일본의 경우도 출산율 대책으로 지금은 출산율이 1을 상회하고 있다.

우리나라만 유독 출산율이 지속 하락하는 이유는 경제적 이유와 육아·보육 문제가 가장 큰 원인이다. 좁은 취업문, 높은 결혼 비용, 주택문제, 높은 사교육비 등 주로 경제적 문제로 젊은 층이 결혼을 미루거나 기피하고 심지어 캥거루족처럼 부모에 의지해 살아가는 젊은이들이 늘고 있다. 여성의 경우 육아 문제가 결혼이나 출산을 꺼리는 주된 원인으로 밝혀졌다. 최근 정부 조사에 의하면 젊은 여성이 남성보다 약 10% 이상 출산을 꺼리는 것으로 조사되었다.
특히 직장 여성의 경우 출산 시 자녀를 안심하고 맡길 보육시설이 부족하고 경력단절을 우려하는 점도 저출산 요인으로 꼽힌다. 핵가족화로 인해 과거 대가족제처럼 한 집안에서 자녀를 맡을 조부모가 없고 하나뿐인 내 자식을 남보다 앞서게 금쪽같이 키워야겠다는 사회 분위기도 출산율 저하의 원인이 되고 있다.

지난해 우리나라 사교육비가 26조 원으로 1인당 월 41만 원에 해당할 만큼 역대 최고치를 경신하는 것도 저출산 원인과 인과관계가 있다. 저출산 문제 해결을 위해서는 결혼을 기피하는 가장 기본적인 경제적 문제인 일자리와 주택문제, 사교육비 문제를 해결하는데 정책의 초점을 둘 필요가 있다. 특히 일자리 문제와 관련해서 세대 간 이해가 충돌될 경우 기성세대가 젊은 층에 양보하는 방향으로 정책이 추진되어야 할 것이다. 여성의 경우 출산율 제고에 가장 큰 걸림돌이 보육 문제와 여성의 출산으로 인한 경력단절 문제이다. 이 문제는 여성의 경제활동 참가율이 높은데도 출산율 제고에 성공한 유럽 각국의 사례를 벤치마킹해 대책을 추진할 필요가 있다.

우리나라는 OECD 선진국 중 여성의 경제활동 참가율이 낮은바, 이를 높이기 위해서도 보육 문제 해결이 중요하다. 현재 국공립 및 사립 어린이집이 있지만 비용 문제나 출퇴근 시간에 구애 없이 믿고 맡길 만한 시설이 매우 부족한 현실이다. 따라서 직장 인근이나 아파트단지 등 거주시설 인근에 보육시설을 설치토록 정책적으로 유도할 필요가 있다. 특히, 종업원 수가 일정 규모 이상인 대기업과 금융회사, 공기업 등의 경우 보육시설을 의무화토록 법제화 하는 방안도 검토할 필요가 있다.
또한 그동안 정부의 저출산 대책 지원내용을 분석해 효과가 떨어지는 분야는 줄이거나 폐지하고 보육 분야에 지원을 집중할 필요가 있다. 농어촌의 경우 젊은 층의 인구가 지속적으로 감소하고 있는바, 효과적인 이민대책을 통해 농어촌의 출산율을 높일 필요가 있다. 또한, 현재 국내 거주하는 외국인 수가 200만 명을 넘는 만큼 이들을 효과적으로 관리하기 위해서는 이민청 신설도 시급하다.

여성의 출산율 제고를 위해서는 사회 분위기 조성도 필요하다. 사회 영향력이 있는 인사들이 나서서 다자녀 갖기 운동에 앞장설 필요가 있고, 고령화시대 은퇴한 노인들이 어린애들의 보육 봉사에 적극 나설 수 있는 시스템을 마련할 필요가 있다. 예를 들어, 일정 보육 자격을 소지한 노인의 경우 보육 봉사 시 소정의 보육료를 지급하는 방안 등 현재 정부 내에 이 문제를 전담할 저출산고령화위원회가 있는 만큼 그동안 저출산 대책이 실패한 원인 분석을 토대로 외국의 성공사례를 벤치마킹하여 대책을 수립하여야 할 것이다. 저출산 대책은 효과가 단기간에 나타나기 어려운 만큼 정권을 떠나 꾸준하고 일관성 있게 추진하여야 한다.

고령화 사회, 경제 활력 제고 방안 필요

저출산 · 고령화 사회로 인해 발생하는 또 다른 이슈는 노인 빈곤 문제와 건강 문제. 노령화로 인한 경제 활력이 둔화하는 문제이다. 노인 빈곤 문제와 건강 문제는 이어지는 연금 개혁과 건강 보험 개혁 편에서 자세히 기술할 것이다. 여기서는 고령화 사회에 따른 노년층의 노후 재산 관리와 부의 세대 이전을 통한 경제 활력 제고 문제를 언급하고자 한다.

신탁은 자산관리부터 상속증여를 포함한 자산 이전까지 가능한 맞춤형 금융상품으로써 미국 · 일본 등 선진국에서는 대표적인 노후 관리 수단으로 널리 활용되고 있다. 우리나라보다 초고령화 사회로 일찍(2009년) 진입한 일본의 경우 고령층에 집중된 자산*을 다음 세대로 효과적으로 이전하기 위해 신탁제도 개혁**을 통해 신탁산업의 발전을 추진해왔다.

- 신탁의 수탁 가능 재산 범위 제한 철폐
- 재신탁 설정 등 신탁업자의 자율적 자산 운용허용
- 상속 · 증여세법 등 신탁관련세제 개선을 통해 세대 간 자산 이전 촉진

일본의 경우 신탁제도개혁으로 신탁산업이 급성장하여 GDP 대비 수탁고가 173%, 1,525조 엔(2022.3월 말)에 이른다. 또한, 저출산 문제 해결을 위해 조부모나 부모가 손자나 자녀를 위해 결혼 육아 신탁, 교육자금 증여 신탁 등을 가입 시 증여세 면제 혜택을 주고 있다. 또한, 65세 이상

* 우리나라 전체가구 순자산에서 60세 이상 가구가 차지하는 비중은 41.1%(2021년 기준)
** 2004년과 2006년 두 차례 신탁제도개혁을 통해 초고령화 사회 진입에 대비한 노후 자산관리 및 세대 간 이전 촉진을 위해 신탁제도 육성을 추진했다.

고령자 비중이 증가하면서 치매 노인 지원, 가업상속 지원, 노인돌봄서비스 등 고령자를 위한 각종 신탁(치매 신탁, 유언대용 신탁 등)이 개발되고 있다.

우리나라의 경우 국내 신탁 시장 규모가 1,166조 원(2021년 말 기준)으로 일본의 1/10에도 미치지 못하고 가업승계, 후견, 치매 복지, 저출산 지원 등을 위한 다양한 신탁 서비스가 발달하지 못하고 있다. 따라서 초고령화 사회 진입(2025년 예상)에 대비하여 일본처럼 미리 신탁산업 발전을 위한 제도개혁을 추진할 필요가 있다.

노인빈곤율 문제 타결 방안의 하나로 주택연금의 대중화를 추진하는 방안도 검토할 필요가 있다. 우리나라의 경우 현재 주택보유자 비율이 50%를 넘고 있고 앞으로 정부가 젊은 층의 내 집 마련 지원책을 적극 추진하면 주택 보유 비율이 상당 수준 상승할 수 있다. 주택은 주거 수단도 되지만 노후에는 주택역모기지를 통한 연금으로 활용할 수 있어 국민연금을 보완, 제2의 노후연금으로 자리 잡을 수 있다.
현재, 주택금융공사가 제공하는 주택 연금 상품의 가입조건*에 제한이 있는바, 제한을 대폭 완화하고 연금 수령 방법도 다양화하게 함으로써 주택연금이 고령자에 대한 제2의 국민연금이 될 수 있도록 활성화할 필요가 있다. 이를 위해서는 주택연금을 취급하는 주택금융공사의 자본금 확충 및 조직 확대가 필요할 것으로 생각된다.

* 현재 주택연금 가입조건은 부부 중 1인 이상 만 55세 이상, 부부 합산 공시지가 9억 원 이하 주택 또는 주거용 오피스텔 소유자이며 윤석열 정부에서 9억 원을 12억 원으로 상향하는 방안을 추진하고 있다.

3-2. 복지 수준과 재원 조달에 대한 국민 공감대 조성

국민행복지수가 높은 북유럽 국가들의 경우 모두 복지 수준이 높고 사회안전망Social safety nets이 잘 갖추어져 있다. 사회안전망은 모든 국민을 실업, 빈곤, 재해, 노령, 질병 등 사회적 위험으로부터 보호하기 위한 국민 복지의 기본선National welfare minimum으로 사회보험과 공공부조 등 기존의 사회보장제도에 공공근로사업, 취업 훈련 등을 포함하는 개념이다. 우리나라의 경우 '97년 외환위기 당시 IMF 및 IBRD로부터 구제금융의 조건으로 사회안전망 확충에 대한 논의가 본격화되었다.

현재 우리나라의 사회안전망은 크게 3단계로 구축되어 있다.
1단계는 일반 국민을 대상으로 하는 공적연금 · 의료보험 · 산재보험 · 고용보험 · 노인장기요양보험 등 5대 사회보험을 말한다.
2단계는 1단계 안전망에 의해 보호받지 못한 저소득층을 위한 공공부조인 기초생활보장 제도와 보완적 장치인 공공근로사업
3단계는 재난을 당한 사람에게 최소한의 생계와 건강을 지원해주는 긴급구호 제도*
역대 정권에서 함께 잘사는 포용 사회 건설과 사회 안전망 확충에 노력해옴에 따라 국가 예산에서 복지 관련 예산** 비중이 매년 늘어나고 있다.

* 코로나19 지원금, 재난 지원금이 여기에 해당.
** 보건 복지 고용 예산은 인구 고령화 등으로 매년 꾸준히 증가해 2008년 이명박 정부 출범 후 14년간 연평균 8.75% 증가율을 기록(문재인 정부 연평균 10.8%, 박근혜 정부 연평균 7.45%, 이명박 정부 연평균 8.2%)

올해(2023년) 보건복지 고용 관련 예산 규모는 226조 원, 고용을 제외한 순수 사회복지 예산은 206조 원으로 올해 전체 국가 예산 639조 원의 1/3에 해당하는 규모다. 2008년 보건복지 고용예산 67.6조 원(사회복지 예산 61.7조) 대비 158조 원이 증가한 규모로 14년간 무려 3배가량 증가했다.

기초 수급자, 노인, 장애인, 아동 등 취약 계층을 대상으로 하는 핵심 복지 지출 예산은 올해 52조 6천억 원으로 2008년 11조 6천억 원 대비 41조나 증가했다.(2008년 대비 4배 규모 증가, 연평균 11.4% 증가해 복지 예산 연평균 8.7%를 상회) 특히 문재인 정부 5년간 복지 관련 예산이 129조 원에서 217조 원으로 규모 면에서 폭발적으로 증가했다.

우리나라 복지 관련 수준은 아직 OECD의 복지 선진국에 비하면 미흡한 수준이나 이런 추세로 복지 관련 예산 규모가 증가하면 이를 조달할 재원 마련에 어려움이 발생할 수 있다. 문재인 정부 5년간 복지 관련 예산 등 정부 예산 규모*가 크게 증대함에 따라 국가 부채 규모도 많이 늘어나 국가 재정 건전성에 빨간불이 켜지고 있다.**

우리나라가 OECD 복지 선진국 수준에 도달하기 위해서는 늘어나는

* 문재인 정부 5년간 정부 예산은 401조(2017년)에서 607조(2022년)로 무려 200조 원이 증가(증가율 50%)하였고 이 기간 국가 부채도 660조에서 1,070조 원으로 약 410조 원이 증가하였다.

** 정권별 국가 부채 증감 추이를 보면 노무현 정권('03~'08) 143조 원(연평균 7% 증가), 이명박 정권('08~'13) 180조 원(연평균 5.9% 증가), 박근혜 정권('13~'17) 170조 원(연평균 3.4% 증가), 문재인 정권('17~'22) 410조 원(연평균 15.2% 증가)

복지 예산을 충당할 수 있는 정부 수입이 확보되어야 하나 향후 경제 상황이나 국가 재정 여건을 감안할 때 낙관하기 어렵다.

복지 재원을 조달하는 방법은 대략 3가지로 볼 수 있다.

① 경제 성장을 통한 자연적인 조세 수입 증대

② 조세 개편을 통한 국세 수입 증대(GNP 대비 조세 부담률 상승)

③ 국채 발행을 통한 복지 재원 확보

이 중 첫 번째 방법은 저출산 · 고령화 및 계속되는 성장 잠재력 둔화로 기대하기 어렵다. 두 번째 방법은 국민적 합의가 필요하나 현실적으로 선거를 의식한 정치권에서 채택 가능성이 작다고 생각된다.

세 번째 방법은 가장 손쉬운 방법이나 현재 국가 부채 비율은 GNP 대비 약 50% 수준으로 OECD 선진국 중 양호한 수준이나 정부가 사실상 책임져야 할 비금융 공기업 부채나 공무원 · 군인 연금 부채성 충당금까지 고려하면 GNP 대비 100%를 훨씬 웃돈 수준으로 더 이상 적자성 국채 발행을 통한 복지 예산 조달은 재정 건전성 악화를 초래해 신인도 하락에 직접적인 영향을 초래할 수 있다.

또한 현행 복지 체계하에서도 고령 인구 증가 등으로 미래에 복지 예산의 자연 증가 수요가 커질 것으로 예상되는 만큼 제한된 경제 및 재정 여건 범위 내 복지 예산 체계를 보다 효율적으로 구조 개혁할 필요가 있다.

흔히, 복지 수준의 국가별 비교와 관련하여 조세부담률이 많이 인용된다. 우리나라보다 국민 복지 수준이 높은 유럽의 여러 국가는 조세부담률도 예외 없이 높고 국가 부채 비율도 대체로 높은 수준을 유지하고 있다. 조세부담률의 국제간 비교를 보면 우리나라는 대부분 유럽 국가나 OECD 평균에 비해서 조세부담률이 낮다.

구분	한국	미국	스웨덴	프랑스	독일	이탈리아	영국	OECD 평균
조세부담률(%)	20.0	19.2	33.5	30.6	23.1	29.4	25.9	24.5
국민부담률(%)	27.9	25.5	42.6	45.4	38.3	42.9	32.8	33.4

* 출처는 OECD Revenue statistics(21년 판, 20년 기준)
* 국민 부담률은 조세부담률(조세/GDP) + 사회보장부담률(사회 보장 기여금/GDP)

우리나라 조세부담률은 지난해(2022년)에는 23.3%로 2020년 기준보다 약 3%P 상승했는데 문재인 정부의 법인세율 인상과 소득세 및 종합부동산 과세 강화 등 부자 증세에 기인한 것으로 보인다. 윤석열 정부 출범 후 법인세율 인하와 다주택자를 중심으로 한 종합부동산세 세 부담 완화를 추진하고 있어 조세부담률이 다소 하락할 것으로 전망된다.

조세부담률의 국제적 비교 통계에서 보듯이 복지 수준이 높은 유럽 국가들은 대부분 조세부담률과 국민부담률이 높다. 소위 '고복지 고부담' 국가이다. 따라서 우리나라가 유럽 수준으로 복지 수준을 상향하기 위해서는 조세부담률과 국민부담률을 높이거나 적자 국채를 대폭 발행할 수밖에 없다.

역대 대통령 선거에서 대부분의 후보들이 국민복지증대를 공약으로 제시했고 일부 후보는 당선 후에도 복지공약 실천을 약속했으나 실현가능한 증세 계획이나 추진이 없어 구호에만 그친 경우가 대부분이다.

우리나라의 향후 정치 · 경제 · 사회 여건이나 국가의 재정 상황 등을 고려할 때 유럽 국가들과 같은 수준의 '고복지 · 고부담'은 현실적으로 어렵다. 현실적으로 고려할 방안은 지금보다 복지 수준과 사회안전망을 다소 확충할 수 있는 '중복지 · 중부담' 국가를 지향하는 방안이다. 하지만 '중복지 · 중부담' 국가를 달성하기 위해서는 OECD 국가 평균 수준으로 조세부담률과 국민부담률 상향 조정이 불가피한 것이 솔직한 현실이다.

지난(2022년) 대선에서도 과거 대선처럼 각 후보가 복지증대를 공약했지만, 일부 후보를 제외하고는 구체적인 증세 방안을 제시하지 않았다. 현재 우리나라의 정치 · 경제적 상황을 고려할 경우 복지재원 확충을 위해 검토할 수 있는 방안은 다음과 같다.

<복지재원 확충 방안>

① 세출예산의 구조조정을 통해 세출예산 내 일정 부분을 복지예산으로 편성

▶ 600조 원이 넘는 정부예산 중 불요불급한 예산을 10% 구조조정한 후 5%를 복지재원으로 충당

▶ 세출예산을 경제 · 사회 여건 변화를 감안 Zero base에서 전면

재검토 하여 시대변화에 따라 축소 · 폐지가 필요한 예산은 구조조정

② 복지 분야 예산에 대한 구조조정 추진

▶ 복지예산 중 중복 예산이나 필요성이 줄어든 예산은 축소 · 폐지하는 대신 증액 · 신설이 필요한 쪽으로 배정

▶ 복지예산 전달과정(지자체 등)에서 예산 탈루 · 누수를 점검하여 전달 비용 절감

③ 불요불급한 비과세 감면 축소 및 탈루 세원 색출

④ 세율 인상. 다만, 기업의 국제경쟁력 약화나 투자 및 자본의 해외 이탈 등으로 세원의 고갈을 초래할 수 있는 세목의 세율인상은 지양

<복지재원 확충을 위한 세제 개편 방안>

① 복지재원 확충을 위해서는 현행 조세부담률을 최소한 OECD 평균 수준으로 2~3% 수준 상향이 필요하다.

② 법인세의 경우 현재 세율이 경쟁국보다 높은 수준이므로 경쟁국 수준으로 인하가 필요하다.

▶ 다만, 명목세율보다 각종 감면 등을 감안한 실효세율을 기준으로 접근할 필요가 있다.

③ 소득세의 경우 우리나라는 고소득층에 대한 과세 강화를 목적으로 과세표준 구간 수가 8개로 OECD 평균 5개보다 많은바 이를 단순화할 필요가 있다.

▶ 현재 근로소득세 면제자 비율이 40% 수준에 달하는바, 국민개세주의와 형평성 차원에서 면세자 비율 축소가 바람직하다.

④ 양도소득세의 경우 투기 억제와 부자 과세 강화 차원에서 다주택자를 중심으로 지나치게 높은 세율을 적용해 거래 위축과 세수 감소를 초래했는바, 선진국 수준으로 양도세제 정상화가 필요하다.

⑤ 상속 · 증여세의 경우 우리나라는 지나치게 높은 세율로 인해 세금 기피를 위한 변칙 · 탈루 사례가 많고 세수 증대에도 크게 기여하지 못함. 고령화 시대를 맞아 가업 상속 및 부의 세대 간 이전을 촉진시키기 위해서는 선진국처럼 상속 · 증여세율 인하가 필요하다.

⑥ 부가가치세의 경우 70년대 후반 부가가치세 도입 이후 한 번도 10% 세율을 조정한 바 없다. '고복지 고부담' 국가인 유럽의 경우 대부분 우리나라보다 부가가치세율* 수준이 높은바, 복지 재원 조달을 위한 가장 효율적인 방안이 부가가치세율 인상 방안이다. 하지만 정치권에서는 부가가치세율 인상이 조세부담의 형평성을 저해해 선거 패배를 가져올 수 있다고 금기시하는 분위기로 채택 가능성이 낮다.

▶ 부가가치세가 세 부담 면에서 역진성이 있다고 하더라도 세율 인상에 따른 세수 효과가 가장 크고 직접세에 비해 거래에 대한 간접세로 조세 저항이 적을 수 있으며 부가세 인상**에 따른 세수 증가분을 취약계층에 대한 복지예산 등 양극화 해소 목적으로 사용할 경우 국민 저항이 애초 우려보다 적을 수 있다.

* 한국의 부가세율은 10%로 OECD 평균 19.3%의 절반 수준이며 대부분의 유럽 국가들은 20%를 상회하며(덴마크, 노르웨이, 스웨덴 25%) OECD 국가 중 우리보다 부가 세율이 낮은 국가는 스위스(7.7%)와 캐나다(5.0%)뿐이다.

** 부가세율 인상을 기본세율 10%는 그대로 두고 2~3%를 서민 복지 재원 충당용 Surtax 방식으로 부가하는 방안도 검토 필요하다.

한국경영자총협회가 매년 발표하는 보고서에 의하면 지난 2021년 우리 국민이 부담한 5대 사회 보험료는 152조 366억 원이다.

세부 내역별로 보면
건강보험료 69조 4,869억 원(전체 45.7%)
국민연금보험료 53조 5,402억 원(전체 35%)
고용보험료 13조 5,565억 원(전체 8.9%)
장기요양보험료 7조 8,886억 원(전체 5.2%)
산업재해보험료 7조 5,644억 원(전체 5.0%)이다.

문재인 정부 출범 전인 2016년 사회보험료(105조 488억 원)와 비교하면 5년 만에 무려 46조 9,878억 원(44.7%)이 늘어났다. OECD 통계(2020년 기준)에 따르면 한국의 GDP 대비 사회보험부담 비중은 7.8%로 OECD 평균(9.2%)에 못 미치며 OECD 37개국 중 중하위권(24위) 수준이다.

하지만 최근의 사회보험료 증가 속도는 OECD 국가 중 가장 빠르고 특히, 세계에서 가장 빠른 저출산 · 고령화 속도를 고려할 때 한국에도 사회보험료 증가 속도가 기하급수적으로 빨라질 것으로 전망된다. 사회보험료의 빠른 증가 속도는 국민부담 증대는 물론 국가 기여분 증가에 따른 국가 재정의 건전성에도 심각한 영향을 초래한다. 따라서 현행 사회보험제도에 대한 개혁 없이는 사회보험의 지속가능성이 유지되기 어렵고 국민 경제와 재정에도 심대한 부작용을 초래할 수 있다.

3-3. 연금 개혁, 때를 놓치면 더 큰 대가를 치른다

공적연금은 국민의 노후 대비에 가장 중요한 사회안전망이다. 대표적인 것이 국민연금과 국민연금을 적용받지 못한 저소득층 노인에게 지급되는 기초연금 그리고 공무원이나 군인 등 특정계층에게 지급하는 공무원연금과 군인연금이 있다.

우리나라의 노후 소득보장 체계는 크게 3층 체계로 구성되어 있는데, 1층은 사회보험 방식으로 운영되는 국민연금과 같은 공적연금이 근간 역할을 하고, 2층은 기업이 보장하는 퇴직연금IRP이 3층은 사적연금인 개인연금을 통해 추가적인 노후 소득을 준비할 수 있게 되어 있다.
그리고 0층에는 노인의 70%를 대상으로 하는 보편적 제도의 특성을 가진 '기초연금제도'와 저소득층 지원을 위한 '기초생활보장제도'가 공공부조의 두 축으로 자리 잡고 있다.

기초연금이나 기초생활보장 제도는 국가 및 지자체의 세금을 재원으로 지급하는 제도지만 국민연금은 기금을 통해 지급되는 제도로 만약 기금이 고갈되면 지급불능 사태에 빠질 수 있으므로 기금고갈을 막기 위해 정부가 5년마다 국민연금법에 근거해서 국민연금에 대한 재정추계*를 하고 있고 이를 토대로 연금의 고갈을 막기 위한 대책을 마련하고 있다.

* 국민연금 재정추계는 2003년부터 5년마다 총 4차례 하였고 5차 추계는 2023년에 할 예정이다.

2018년 4차 국민연금 재정추계 당시 현행구조(보험료율 9%, 소득대체율 42.5%)를 그대로 유지하면 국민연금 기금은 2042년 적자 전환된 후 2057년 소진될 것으로 전망되었다. 하지만 2020년 국회예산정책처가 추계한 결과는 소진 시점이 2055년으로 2년 앞당겨졌다.

정부는 2023년 1월에 5차 국민연금 재정추계를 하였는바, 그 결과 국민연금 고갈 시점이 4차 추계 때보다 2년 앞당겨진 2055년으로 나타났다. 2033년부터는 만 65세부터 연금을 받는다는 점을 고려하면 1990년생부터는 특단의 대책이 없으면 보험료만 내고 연금은 받지 못하는 상황이 생길 수 있다. 정부는 추계결과를 토대로 국민 여론을 수렴하여 국민연금 개혁 방안을 10월까지 국회에 제출한 계획이다.*

윤석열 대통령도 2023년 신년사에서 국민연금 개혁을 노동·교육개혁과 함께 3대 중점 개혁 과제로 정해서 개혁 의지를 강하게 나타낸 바 있다. 윤석열 정부가 국민연금 개혁에 강한 의지를 보이는 이유는 역대 정권에서 선거를 의식해 개혁을 차일피일 미루어 온 사이 개혁을 더 이상 미룰 수 없는 한계상황에 몰렸기 때문이다. 특히, 20~30대인 MZ세대의 경우 국민연금 수령 시점인 65세가 되는 2057년경 이후에는 국민연금 기금 고갈로 국민연금을 납부하고도 받을 수 없을 것이라 불신이 팽배해지고 있다.

이런 불신이 국민 전반으로 확산할 경우 국민연금 무용론으로 비화되고 최

* 현재 국회 내 연금개혁특위가 구성되어 있는바 연금개혁특위에서 상반기 내에 초안을 마련해 정부에 제출하면 정부는 이를 토대로 10월까지 정부 안을 마련해 국회에 제출할 예정.

악의 경우 국민연금 구조가 붕괴하는 상황도 발생할 수 있다. 특히 보험료를 납부만 하고 연금 고갈에 불안감을 느끼는 젊은 세대나 사업자 지원 없이 보험료를 전액 자기가 내야 하는 자영업자의 불만과 불신이 크다.*

국민연금의 기금고갈이 발생하는 이유는 1988년 제도 도입 당시 잘못된 구조에 기인한다. 즉 적은 보험료(3%)에 비해 과도한 연금 소득 지급률(소득대체율 70%, 소득 대비 연금 비율)에 있다. 현재는 보험료를 매달 9%씩 받고 소득대체율도 42.5%로 줄였지만 '98년까지 무려 10년간 적게 내고 많이 받는 제도를 운용함에 따라 이로 인한 적자구조가 지속해서 기금고갈에 영향을 미치고 있다.**

기금고갈을 막기 위해서는 보험료(현 9%)를 인상하거나 국민연금 지급액(소득대체율 42.5%)을 낮출 수밖에 없다. 소득대체율 인하와 관련해서는 현재도 낮은 소득대체율로 인해 국민연금 지급액이 노후 대비에 절대 부족하다는 국민의 인식이 많아 어려워 보인다.***

보험료율 인상과 관련해서는 우리와 유사한 소득대체율을 가진 OECD 회원국들의 평균 보험료 수준이 18~20%인바 우리나라도 최소 이 정도

* 지금 20세의 경우 평균 85세에 사망한다고 보면 2088년까지 국민연금을 받아야 하는데 현 제도로는 52세인 2055년부터 기금이 고갈되고 33년 뒤인 2088년에는 누적적자가 2경을 넘을 것으로 추정되기 때문이다.

** '88년부터 '98년 사이 가입한 연금 1세대들은 주로 1차 베이비붐 세대로 700만 명에 달하며 이들 대부분은 노동시장을 떠나 보험료 납부 없이 연금보험만 받는 대상자임.

*** 국민연금의 월 평균 지급액은 50만 원 수준이나 '98년 이전에 가입한 세대들은 150만 원을 넘는 사람도 많다.

수준으로 보험료를 인상할 필요가 있다. 다만, 우리나라의 경우 '98년 이전에 가입한 1세대 연금 가입자들로 인한 누적 적자 요인을 고려하면 연금 고갈을 막기 위해 보험료율을 약 22%까지 올려야 할 것으로 보인다.

현재 9% 수준의 연금 보험료율을 단기간에 20% 이상으로 인상하는 것은 현실적으로 쉽지 않다. 기업과 근로자 양쪽 모두 저항이 크고 특히, 본인이 전액 보험료를 부담해야 하는 자영업자의 저항이 더욱 클 것으로 보인다. 하지만 저출산 · 고령화로 젊은 층의 노년층 부양 부담이 갈수록 커지기 때문에 보험료 인상 속도를 가능한 한 빨리 앞당길 필요가 있다.

최근(2023년 1월 10일) 보건복지부와 국민연금연구원이 공동 주최한 전문가 포럼에서 최영준 연세대 교수는 국민연금 소득대체율을 30%대 중반으로 낮추고 현행 퇴직연금의 8.3%를 사업자가 부담하는데 이 중 4%를 국민연금 보험료로 전환하면 연금 보험료가 13%로 높아져 국민연금의 고갈을 늦출 수 있다는 의견을 제시했다.*
최 교수의 제안처럼 국민연금과 기초연금 모두 고령자에 대한 노후보장 제도인 만큼 이를 연계한 연금 개혁 방안을 마련할 필요가 있다. 국민연금 개혁은 많은 국민이 이해관계자로 있고 특히, 미래세대와 현세대의 이해가 첨예하게 대립하는 문제로 개혁에 대한 저항이 클 것으로 예상된다.

국민연금 개혁은 공무원연금이나 군인연금 등 타 연금 개혁에도 영향을

* 최 교수는 대신 기초연금을 소득 하위 70%와 상관없이 모두 지급하는 방안도 제시했다.

미치는 시금석이 될 수 있다. 군인연금이나 공무원연금도 국민연금과 마찬가지로 지금과 같은 체제를 유지할 경우 연금 적자에 대한 보전액이 눈덩이처럼 불어날 수 있으므로 국민연금 개혁 방안 마련 이후 조기에 개혁을 착수할 필요가 있다.

연금 개혁 외국 사례

우리나라보다 일찍 공적 연금제도를 도입한 프랑스도 연금 개혁 문제로 골머리를 앓고 있다. 프랑스의 연금제도는 보험처럼 미리 내는 한국의 국민연금과 달리 그해 근로자들이 은퇴자들의 연금을 부담하는 구조이다.

프랑스도 65세 이상 인구 비율이 20.85%(2021년 기준)인 초고령 사회로 인해 '90년대까지는 현역 근로자 2.1명이 은퇴자 1명을 부양했지만, 2070년에는 1.2명이 1명을 부양해야 한다. 이에 따라 프랑스 연금 개혁 위원회는 지난해 9월 보고서에서 이대로면 2023년 적자 전환한 뒤 2027년에만 연간 120억 유로(약 16조 원) 적자가 생기며 적자 폭은 25년간 계속 확대될 것이라 경고했다.

고령화 사회로 인한 연금 개혁 적자 전환문제는 오래전부터 예측됐으며 이전 정부인 자크 시라크, 사르코지 등 전임 대통령들도 연금 개혁에 나섰지만 국민의 거센 저항으로 실패했다. 집권 2기를 맞는 마크롱 대통령도 집권 1기부터 연금 개혁을 추진했지만 거센 저항※으로 개혁을 임시

※ 2023년 1월 3~4일 프랑스 여론조사기관 엘라보가 벌인 여론조사에서 72%는 정년 연장 등 연금 개혁안에 반대했다.

중단했다가 집권 2기에 이를 다시 추진하고 있다. 하지만 국민 여론은 여전히 정부의 연금 개혁안에 부정적이다.

마크롱 대통령은 베이비붐세대 이후의 첫 프랑스 대통령으로 연금 개혁이 재정뿐 아니라 세대 간 분배 문제와 직결된다는 인식을 강하게 갖고 있어 올해 신년사에서 "연금 개혁을 통해 아이들에게 공정하고 견고한 사회 시스템을 물려 줘야 한다."라고 말했다.

현재 추진 중인 프랑스의 연금 개혁안은 연금 수령 시점을 늦추는 걸 골자로 한다. 현행 62세인 정년을 2027년까지 63세, 2030년까지 64세로 늘리는데, 64년 이후 출생자는 지금보다 1년, 68년 이후 출생자는 2년 더 일하게 되어 연금을 전액 받기 위한 근속기간은 기존의 42년에서 2035년까지 점진적으로 43년으로 연장된다. 근무 기간을 늘리는 대신 최소연금 수령액은 최저 임금의 75%(월 1,015 유로, 한화로 약 135만 원)에서 85%(월 1,200 유로, 한화로 약 160만 원)로 올린다.

프랑스 정부의 연금 개혁안에 대해 집권 1기 때와 마찬가지로 공공부문 노조 사회단체들이 총파업 및 시위를 통해 극렬 반대하고 있다. 특히, 지난 총선에서 집권 여당이 과반의석 확보에 실패하면서 정부안의 의회 통과가 순탄치 않을 전망이다.*

* 프랑스는 행정부 입법안을 의회 표결 없이 통과시키는 헌법 조항에 근거해 행정부 차원에서 밀어붙일 수 있지만 의회의 행정부 불신임 투표에 부딪힐 수 있다.

마크롱 대통령과 비슷한 환경에서 연초부터 연금 개혁을 강력히 추진할 것을 선언한 윤석열 대통령의 경우 프랑스의 연금 개혁 추진 상황이 타산지석이 될 수 있을 것이다.

한편, 우리보다 고령화 사회를 일찍 겪어온 일본의 연금 개혁도 우리에게 시사하는 바가 크다. 일본은 2004년 고이즈미 총리 때부터 연금 개혁을 시작해 2017년까지 매년 연금보험료를 점진적으로 인상하는 대신 2017년 이후 18.3%를 상한선으로 보험료 인상을 동결했다. 대신에 100년간 인구조사가 이루어지는 5년마다 고령화 · 저출산 등을 평가해 연금 급여액을 조정해 연금 재정 균형을 맞추는 자동안전장치를 도입했다.

일본의 연금 개혁은 대체로 성공적인 것으로 평가받고 있으며 최소 100년간 일본 연금이 안심할 수 있다는 메시지를 정부가 국민에 보내고 있다. 하지만 일본도 경제 상황이 더 나빠지면 기존에 약속했던 연금 체계를 수정할 수밖에 없다. 예를 들어, 연금소득 대체율 하한선(50%) 목표 인하나 연금 지급 개시 연령을 늘리는 방식으로 연금 재정 균형을 위한 추가적인 개혁이 필요한 것으로 전망된다.

일본의 연금제도는 3층 구조로 되어 있는데
1층이 20세 이상 59세 이하 모든 국민이 가입하는 국민연금
2층이 직장인이 가입하는 소득비례 연금인 후생 연금
3층은 퇴직연금 등 사적연금으로 구성되어 있다.

일본의 1층 국민연금은 우리나라 기초연금과 유사하지만 한국과 달리 국민의 소득과 관계없이 같은 금액을 보험료로 납부하고 연금을 받는다. 최근 일본 정부는 1종 국민연금의 의무납부 기한을 현행 20~59세에서 5년 연장하는 방안을 추진하고 있다. 일본 정부가 애초 예상했던 것보다 저출산·고령화 속도가 빨라 연금제도의 지속가능성에 의문이 제기되었기 때문이다. 반면에 한국은 65세 이상 노인 중 소득·재산들을 참작해 하위 70%에게 월 30만 원(2023년 기준)을 정부가 무상으로 기초연금을 지급하고 있다.

국민연금 개혁 방향

국민연금 개혁에 있어 고려할 사항은 크게 2가지이다.

첫째, 국민연금의 재원 고갈 측면을 우선적으로 고려할지, 현행 노인빈곤율을 감안 노후보장 측면을 우선적으로 고려할지 방향성 설정이다.

둘째, 국민연금 자체의 모수개혁(연금보험료 수준, 소득대체율)과 함께 기초연금, 퇴직연금, 주택연금 등 여타 노후 보장 수단과 연계해서 노후보장 구조를 검토할 필요가 있다.

이상 2가지 고려 사항을 기반으로 외국의 연금 개혁 성공사례를 참고해 볼 때 다음과 같은 연금 개혁 방향을 도출할 수 있다고 본다.

① 연금의 고갈을 막기 위해서는 국민연금의 보험료 납부 수준을 최소 15%, 최대 18% 수준으로 단계적 인상*이 필요

* 보험료 인상 시 인상분의 일정 비율을 정부가 보조하는 방안(자영업의 경우) 및 퇴직연금 보험료의 사업자 부담 분(8.3%) 중 4%를 국민연금 보험료로 전환하는 방안 검토.

② 연금보험료 납부 기한과 연금 지급개시 연령도 저출산 · 고령화 추이를 감안해 적정수준으로 연장

③ 일본처럼 연금 수령액을 물가상승률, 합계 출산율 등과 연동하는 자동 조정장치 도입

④ 연금의 소득대체율은 현재 일본이나 유럽에 비해 낮은바, 추가 인상은 기금 재원 고갈 측면에서 어려움

⑤ 국민연금의 낮은 소득대체율을 보완하기 위해 주택연금을 제2의 국민연금으로 활용하는 방안을 적극 추진*

⑥ 주택이 없고 소득이 낮은 노인에 대해서만 기초연금 지급**

3-4. 건강보험 개혁 성공하려면 의료시장의 개혁이 필요

지난해 12월 윤석열 대통령은 국무회의에서 건강보험 정상화를 위한 개혁의 필요성을 언급했다. 문재인 대통령 정부 5년간 보장성 강화 조치(소위 '문재인 케어')로 20조 원 넘게 쏟아 부었지만 의료 남용과 건강보험 무임승차 방치로 건강보험의 건전성이 악화되어 국민에게 부담과 희생을 전가하는 상황에 부닥쳤기 때문이다.

'문재인 케어'란 2017년 8월 문재인 대통령이 직접 발표한 건강보험 보장

* 1채 이상 유주택자가 현재 50%를 넘고 젊은 층에 대한 마이 홈 정책추진으로 주택 보유 비중 상향추진. 주택연금 활성화를 위해 주택연금 이용 규제를 대폭 풀고 주택연금 지급 확대에 대비하여 주택금융공사 자본금 대폭 확충.

** 국민연금과 주택연금을 받을 수 있는 노인은 기초 연금 지급 대상에서 제외.

성 대책을 말하는바, 선택 진료비 폐지, 2~3인실 병실 급여화, 간호 · 간병 통합 서비스 확대 등 그동안 비급여로 지정돼 환자가 직접 내는 의료비를 급여화 해 국민건강보험에서 보장하겠다는 내용이다.

이 중에서도 의료 남용으로 건강보험의 재정 악화를 초래한 주요 개혁 대상으로 MRI · 초음파 검사의 급여화가 이슈화되고 있다. 문재인 정부의 건강보험 보장성 대책이 건강보험 재정의 건전성 악화에 영향을 초래한 것은 사실이나 보다 근본적인 문제는 고령화 추세로 인해 건강보험 재정의 적자가 갈수록 커져 지속 가능하지 않은 데 있다.

건강보험 제도는 보건의료 체계와 밀접한 관련이 있는데 우리나라는 이용자(국민) · 공급자(의료기관) · 사회보험(건보)이라는 세 주체가 균형을 이루며 성장해 왔다. 외국의 경우를 보면 미국처럼 의료 서비스를 모두 시장에 맡기는 나라가 있지만 대부분 국가는 의료보장에 정부가 개입하는데 아플 때 치료 받을 수 있는 권리는 가장 기본적인 사회안전망이기 때문이다. 정부가 개입하는 방법에서도 정부가 직접 의료를 공급하는 즉, 세금으로 운영하는 의료기관에서 공무원 신분인 의사가 일하는 영국 국영 의료 서비스가 대표적이다. 반면 의료 공급과 재원 조달이 분리된 사회보험 방식이 있는데 독일과 한국 등이 이에 해당한다.

우리나라의 경우 1963년 의료보험법이 제정되어 1977년에 500인 이상 직장에 의료보험이 처음 도입되었다. 1989년에는 전 국민 의료보험 가입이 의무화되었고, 1998년에는 직장이나 지역별로 나뉘어 있던 의료보험을 국민건강보험으로 통합했다. 지금의 건강보험 체제는 '89년에 만들어진 체제가 유지되고 있다.

현행 건강 보험 체계의 문제점

건강보험을 주축으로 하는 한국의 보건의료 모델은 특징은 다음과 같다.
첫째, 전 국민이 건보가입자이고 모든 병·의원이 국민건강관리공단과 의무 계약을 한다.
둘째, 민간 병·의원에서 거의 전적(95%)으로 의료 공급을 담당한다.*
셋째, 건강보험공단이 병·의원에게 '행위별 수가제' 방식으로 의료비용을 지불하는데 이중 일정 부분은 본인부담금으로 이용자가 납부한다. 행위별 수가제로 인해 병·의원 수가 급증하고 국민들의 의료 접근성과 선택권이 대폭 확대되는 등 의료 인프라가 급속히 확대되었다.
그동안 건강보험을 주축으로 하는 한국의 보건의료 시스템은 세계적으로 성공적인 시스템으로 평가받고 있다. 한국은 OECD 평균보다 의료비는 적게 쓰지만 의료 접근성이 좋고 의료 인프라가 우수하여 건강 상태와 기대수명은 좋은 수준이다.**

그러나 지금의 건강보험체계는 급속한 고령화에 따른 의료비 지출 급증으로 지속가능성에 심각한 우려를 자아내고 있다. 국회 예산처가 2021년 10월 발표한 건강보험의 중기 재정 수지 전망에 의하면 코로나19로 의료비

* OECD는 평균 50%를 민간 병의원이 담당한다.
** OECD 회원국의 평균 기대수명은 1970년 70세에서 2019년 81세로 늘었지만 같은 기간 한국은 62.3세에서 83.3세로 늘었다.

지출이 감소한 2021년과 2022년을 제외하고는 매년 지출이 수입을 초과해 2025년부터 건강보험 적립금이 마이너스로 전환하고 매년 그 폭이 급격히 확대되는 것으로 나타났다.

저출산 · 고령화로 인한 생산 가능 인구 감소도 현행 건강보험 체제를 유지하기 어렵게 하는 요인이다. 65세 이상 건강보험 가입자는 전체 건강보험 가입자 평균보다 3배 이상 진료비를 지출 하는바, 1990년에 건보 전체 진료비의 8.2%에 불과했던 65세 이상 비중은 2018년에 40.8% 증가했고 앞으로 더욱 증가할 전망이다. 따라서 현행 건강보험제도의 개혁 없이는 건강보험의 기금 고갈을 막을 수 없다. 특히, 행위별 수가제는 의료 공급과 수요 양쪽에서 과잉 의료 이용을 초래하는 요인을 제공한다. 이에 따라 한국의 1인당 의사방문 건수는 OECD 국가 중 최고 수준이다.

이와 함께 2000년대 중반에 도입된 실손 의료보험은 의료량과 의료비 증가에 기름을 붓는 결과를 초래하고 의사와 환자 모두에게 심각한 도덕적 해이를 만연시켰다. 이처럼 행위별 수가제와 실손 의료보험은 불필요한 의료비 지출을 사회적으로 통제하는 장치를 허물고 있어 이에 대한 개혁 없이는 향후 건보재정 고갈과 국민 부담 증대를 초래할 수 있다.

이처럼 건강보험 개혁을 위해서는 건강보험제도 자체의 개혁도 필요하지만, 의료시장 전반에 널리 퍼져있는 이용자와 공급자들의 도덕적 해이를 줄이는 것도 중요하다.
지나치게 병의원, 특히 상급 병원을 찾는 의료 이용 패턴을 바꾸고 과잉 진료 관행에서 벗어나 적정 의료를 제공하는 방향으로 나아가야 한국 보건 의료시장에 만연된 과도한 의료비 지출 낭비를 줄일 수 있다.

건강보험 개혁 방안

건강보험 개혁과 관련해 검토할 과제는 다음과 같다.

① 고령화로 인한 의료비 지출 증가에 따라 의료보험료를 단계적으로 인상하는 것은 불가피하다.

② 불필요한 의료 수요를 줄이고 과잉 진료를 방지하기 위해 '행위별 수가제'의 개선이 필요하다.

- ▶ '행위별 수가제'에서 의료비 총액을 제한하는 '묶음 방식'의 지불제도로 변경하는 방안 검토
- ▶ 고가의 MRI · 초음파 검사 등의 남용 방지를 위해 건보 적용 기준을 개선
- ▶ 불필요한 상급 병원 이용을 줄이고 중복의 비용 지출을 방지하기 위해 영국과 같은 동네 주치의 제도 도입

③ 의료체계 전반에 만연된 도덕적 해이를 줄이기 위해 과다 이용자 관리 강화와 본인 부담액 상한제 개선과 함께 과잉 진료 병의원에 대한 관리 강화가 필요하다.

④ 외국인들의 건강보험 무임승차를 방지하기 위해 외국인의 건강보험 이용 자격 요건 강화가 필요하다.

⑤ 민간 실손 보험의 도덕적 해이*와 보험사기 증대 등 사회 전반의 의료비 지출 증가 방지를 위해 실손 보험에 대한 금융 당국과 의료 보건 당국의 감독 강화.

* 국민 여론을 의식해 정부가 그동안 민간보험인 실손 보험의 보험료 인상을 억제해 온 정책이 의료시장 전반의 도덕적 해이를 양산해 온 결과 초래했다.

3-5. 소득 기반 고용보험 체계로 전환

고용보험은 고용주의 불가피한 사정 때문에 비자발적으로 퇴사한 근로자에게 보험 가입 기간에 따라 120일에서 270일까지 실업급여를 지급해 생계를 보호하는 고용안전망 수단이다. 고용보험료는 근로자의 월급여에서 0.9%씩 납부하며 고용주도 똑같이 0.9%를 부담한다. 최소 수급 요건인 근무 일수는 180일(휴일 포함, 약 7개월)이다. 실직 전 3개월 평균 임금의 60% 수준으로 수령하며 현행 하한액은 최저임금의 80%이고 상한액은 고용부 고시에 따르며 금년은 1일 6만6천 원이다.

고용보험과 관련된 이슈는 크게 2가지다.

첫 번째 이슈는 고용보험기금의 고갈로 인한 지속가능성 문제다. 고용보험기금의 수입에서 지출을 제외하고 남은 적립금은 2021년 5조 5,828억 원, 2022년 5조 1,835억 원, 금년에는 6조 693억 원으로 전망되나 정부 재원인 공공자금 관리 기금에서의 차입금(3년간 10조 3,049억 원)을 빼면 2021년부터 이미 적립금은 고갈된 수준(△3조 7,753억 원)이다.

적립금이 2021년부터 조기에 고갈된 원인은 코로나19로 인한 고용 충격과 함께 지난 정부에서 지나치게 수혜 대상을 확대하고 급여액을 늘렸기 때문이다.* 문재인 정부의 고용보험제도 확대로 한국은 실업급여 하한액이

* 실업급여 수준을 종전 평균 임금의 50%에서 60%로 인상하고 지급 기간도 90~240일에서 최장 270일까지 늘렸다. 또한 최저 임금의 급격한 인상으로 최저 임금의 80%에 연동된 실업급여 하한액도 인상되었다.

평균 임금 대비 42%로 세계 최고 수준이 되었다.*

윤석열 정부 들어 전임 정부 시절 과도하게 확대해 고갈 위기에 처한 고용보험 기금의 정상화를 위한 제도 개편을 추진하고 있다. 실업급여 하한액을 최저 임금의 80%에서 60%로 다시 인하하고 실업급여 최소 수급 요건도 180일 근무 기간(주말 포함 약 7개월)에서 10개월 이상으로 올리는 방안을 검토하고 있다. OECD 회원국과 비교해 높은 실업급여 수준과 실업급여 최소 조건인 180일 근무 기간을 악용, 퇴사와 실업급여 수급을 반복하는 도덕적 해이를 증대시킨 점을 고려한 것으로 생각된다.**

두 번째 이슈는 고용보험 가입 대상 확대이다. 그동안 직장 근로자를 대상으로 고용보험을 운영해 왔으나 2020년 12월에는 예술인을 가입 대상에 포함했고 '21년 7월에는 특수 형태의 노무 제공자 12개 직종***을, '21년 1월에는 플랫폼 기반 2개 직종****을 가입 대상에 포함했다. 고용보험 가입 대상자 확대로 2022년 5월 말 현재 한 번이라도 고용보험에 가입한 적 있는 특수형태 노무 제공자는 약 95만 명, 플랫폼 종사자는 약 30만 명에 달한다.*****

정부는 일하는 모든 국민을 보호하기 위한 고용 안전망을 구축하여 고용

* 2위인 네덜란드가 38%, 3위 포르투갈은 28%이고 OECD 회원국 중 10곳은 하한액이 없다.
** 최소 수급요건 6개월을 악용한 고용보험 수급자는 전체 수급자의 5%로 추정
*** 보험설계사, 학습지 방문 강사, 대출모집인, 방문판매원, 화물차주 등
**** 퀵서비스 기사(배달 라이더 포함), 운전기사
***** 노무 제공자 고용보험은 노무 제공자 계약을 통해 얻은 월보수액이 80만 원 이상이면 고용보험이 적용된다. 노무 제공자의 보험료는 보수 x 보험료율(1.6%)로 노무 제공자와 사업주가 반반 부담한다.

보험 사각지대를 없애기 위해 앞으로 직종별 확대 방식이 아닌 소득 기반 고용보험 체계로 전환할 계획이다. 이를 위해 2023년 말까지 임금근로자 및 소득 파악이 가능한 노무 제공자를 대상으로 소득 기반 고용보험 적용 방안을 마련하고 법령 개정을 추진해 2024년부터 시행할 계획이다.
자영업자의 고용보험 확대와 관련해서는 자영업자의 소득 파악이 선결과제인바, 그동안 경제사회 노동위원회 산하 자영업자 연구회에서 자영업자 고용보험 확대를 위한 논의를 한 바 있는바, 이를 토대로 올해 말까지 세부 방안을 마련하여 내년부터 사회적 논의를 추진할 계획이다.

한편, 향후 연금사각지대에 있을 55세 이상 고령자의 일할 기회를 늘리기 위해 현재 60세인 정년을 연장하거나 폐지하고 정년이 지난 근로자를 재고용하기 위해 연공 서열 위주인 임금체계를 직무 · 성과급 위주로 개편하는 데 대한 사회적 논의도 필요하다. 현재 고용부와 대통령 직속 경제사회 노동위원회에서 노사정 대표와 전문가들이 참여해 임금체계 개편을 전제로 정년 연장 · 폐지 또는 정년 퇴직자 재고용 방안을 논의할 계획이다.

우리나라의 경우 65세 이상 노령층 고용률*은 세계 수준인 반면, 장년층(55~64세) 고용률**은 고령화된 다른 나라보다 낮다. 앞으로 장년층이 국민연금을 받기 시작하는 나이가 계속 늦춰질 가능성이 커서 퇴직 후 연금 수령 전까지 소득 공백기가 오래 지속할 수 있고 청년층 인구감소로 인한 노동력 부족 현상도 보완해 줄 필요가 있다.

* 65세 이상 고용률 34.9%(OECD 평균 15.0%)
** 장년층 고용률 66.3%(일본 76.9%, 독일 71.8%)

4.

기본 소득과 복지 포퓰리즘 논쟁

지난 대선 과정에서 더불어민주당 대선주자였던 이재명 야당 대표가 대선의 핵심 공약으로 기본 소득 도입을 제시함에 따라 한때 기본 소득을 둘러싼 정치권의 공방이 거셌다. 당시 이재명 후보가 제시한 기본 소득 공약은 2023년부터 모든 국민에게 1인당 25만 원씩 연 1회 지급을 시작으로 임기 내 모든 국민에게 연 100만 원씩 지급하는 방안이다. 재원은 국토보유세, 탄소세 신설 및 재정구조 개혁 등을 통해 마련한다는 구상이다.

기본소득 공약은 윤석열 대통령 당선으로 수면 아래로 들어가 지금은 언론에 주목조차 받지 않고 있다. 하지만, 다음 대선에서 언제든 소환될 수 있는 이슈이고 복지 포퓰리즘 논쟁의 중심에 있는 주제다.

기본소득이란 모든 국민에게 조건 없이 빈곤선 이상으로 살기에 충분한 월간 생계비를 지급하는 제도로, 토마스 모어의 소설《유토피아》에서 처음 등장하는 개념으로 전 세계적으로 중앙정부 차원에서 기본소득을 도입한 나라는 찾아보기 어렵다.
세계 최초로는 핀란드가 지난 2017년 1월부터 2년간 일자리 없이 복지수당을 받는 국민 중 2천 명을 대상으로 매달 560유로(약 70만 원)의 기본소득을 시범적으로 지급한 바 있으나 종합적인 효과 분석 후 도입하지 않기로 한바 있다. 스위스의 경우는 2016년에 기본소득 도입안*을 국민투표에 부쳤으나 부결된 바 있다.

이처럼 기본소득 도입 국가가 전 세계적으로 찾아보기 힘든 이유는 모든 국민을 대상으로 기본소득 지급 시 재원 마련에 천문학적인 재원이 필요하고 이를 위해 세율을 인상하거나 새로운 세금 항목을 도입하는 데는 정치적 저항이 크기 때문이다. 또한 모든 국민에게 동일한 기본소득 지급은 양극화 해소에 역행하고 취약계층 위주로 지원을 확대하는 현행 복지체계의 근간을 흔드는 복지 포퓰리즘적 성격을 갖고 있다.

기본소득 논쟁이 점화된 계기는 코로나19로 인한 전 국민 재난지원금 지급 문제에 기인한 것으로 생각된다. 당시 경기도 지사였던 이재명 대선 후보가 경기도 모든 도민에게 일률적으로 코로나19 재난지원금 지원방침을 밝힘으로써 다른 지자체가 경기도와 동일한 방식으로 지급할 것인지 논란

* 성인의 경우 매월 2,500프랑(한화 약 3백만 원), 18세 미만 어린이 · 청소년 매월 625프랑(한화 78만 원) 지급한다.

이 되었다. 당시에도 코로나19로 피해를 본 자영업자 등을 중심으로 선별적 지원을 강화할 것인지, 전 국민, 전 도민을 상대로 보편적 지원을 할 것인지 논란이 되었다.

선별적 복지 vs. 보편적 복지

선별적 복지냐 보편적 복지냐의 논쟁의 역사는 이보다 훨씬 거슬러 올라간다. 2011년 오세훈 당시 서울시장은 시의회의 보편적 무상급식 조례안 통과에 반대해 주민투표를 시행했으나 저조한 투표율로 서울시장을 사퇴했다. 당시에도 지금처럼 열린우리당(현 더불어민주당)은 보편적 복지를 주장한 반면 국민의힘(당시 한나라당)은 선별적 복지를 주장했다. 보편적 복지는 모든 국민에게 소득이나 재산 규모와 상관없이 동일하게 복지를 제공하자는 개념인 반면 선별적 복지는 소득이나 재산이 적은 취약 계층을 중심으로 복지를 제공하자는 개념이다. 국가 재정이 한계가 있는 점과 양극화 해소 측면에서 볼 때 부자들까지 서민과 동일하게 복지를 제공하는 것은 바람직하지 않고 정의롭지도 못하다.

그런데 정치적 표계산 득실 면에서 보면 모든 국민에게 무차별적으로 복지를 제공하는 것이 유리하다고 볼 수 있다. 이재명 더불어민주당 대표의 경우 과거 성남시장 재임 당시 보편적 복지에 기반을 둔 3대 무상 복지 정책(청년 배당, 무상교육, 무상 교복)으로 시장 선거에서 계속 승리함으로써 보편적 복지가 정치적으로 승리를 가져다주는 마법이라는 확신을 갖게 된 것으로 생각된다. 하지만 당시에도 지자체 재정 여건으로 성남시와 같이 3대 무상 복지를 할 수 없었던 대다수 지자체 주민들과의 형평성 문제 등으로 복지 포퓰리즘이란 비판을 일부 보수 언론에서 제기했다.

2011년 오세훈 시장의 무상급식 논쟁 당시 보수 성향의 한나라당은 선별적 복지를 진보 성향의 민주당은 보편적 복지를 주장했는데 사실 용어 선택이 적절하지 못했다고 본다. 더 정확히 표현하자면 선별적 복지는 서민 복지, 보편적 복지는 부자 복지다. 당시 선별적 복지 vs. 보편적 복지 논쟁보다 서민 복지 vs. 부자 복지 논쟁으로 국민들의 머리에 각인되었다면 정치적 득실이 달라졌을 것으로 생각된다. 사실 부자 증세 등 양극화 해소와 정의를 줄기차게 주장해 온 민주당이 부자들에게 서민과 동일하게 복지를 제공하자는 주장은 당의 정강정책이나 그동안 주장해 온 정책과 모순된다. 그럼에도 불구하고 민주당이 국내 각종 선거에서 보편적 복지를 공약한 것은 우리 국민에게 복지 포퓰리즘이 먹히고 있다는 증거다.

흔히 복지 포퓰리즘이라 하면 아르헨티나 페론이나 베네수엘라 차베스 같은 남미 국가 지도자들의 상징적인 정책으로 인식되어 왔고 이들 남미국가들은 복지 포퓰리즘으로 국가 부도 상황에 내몰리게 되었다. 하지만 근래 들어 유럽, 미국을 포함해 선진국들까지 정치 지도자들이 복지 포퓰리즘을 선거에 악용하고 있다. 우리나라도 문재인 정부 5년간 선거를 의식한 보편적 복지 성향 정책으로 국가부채가 급증하여 재정 건전성이 급격히 악화하였다. 역대 정권마다 국민복지 확대를 주장했지만, 현실적으로 증세 없는 복지 확대는 국가 재정의 건전성만 악화시켜 남미국가처럼 경제위기 발생 시 그 피해가 결국 국민, 특히 취약 계층에 집중될 수밖에 없다. 앞으로 예상되는 저출산 · 고령화와 같은 인구 구조 변화와 성장 잠재력 둔화를 고려할 때 보편적 복지 강화는 지속가능성도 불분명하고 갈수록 심화되는 경제 양극화 해소에도 도움이 되지 않는다.

[3]
선택의 자유 확대

1.

선택의 자유가 많은 나라가 행복 선진국이다

선택의 자유가 국민의 행복에 왜 중요한가는 UN이 발표하는 국가별 행복 지수 산출평가 항목 6개 중 하나가 '선택의 자유'인걸 보아도 알 수 있다. 선택의 자유는 직업 선택의 자유, 경제 활동의 자유를 말하는 것으로 과거 봉건·전제 군주국가 시대에는 신분 세습제로 인해 선택의 자유가 제약되었으나 시민혁명을 통해 선택의 자유(경제적 자유)가 인간의 존엄과 가치, 평등권과 함께 3대 기본권으로 대다수 자유 민주주의 국가의 헌법에 규정되어 있다.

우리나라도 헌법 제15조에 "모든 국민은 직업 선택의 자유를 가진다."라고 규정하고 있다. 직업 선택의 자유는 사적 자치, 재산권 보장과 함께 자본주의 시장경제 질서를 구성하는 핵심 요소이다. 또한, 직업선택의 자유는 단순한 생계 수단을 넘어 일을 통한 개인의 사회 참여 기회 보장과 보람, 성취, 명예, 기쁨 등 개인의 인격을 실현하는 행복의 중요한 요소이다. 헌법 제32조에서는 국가가 국민의 근로의 권리를 보장할 의무를 규정하고 있는바, 국가가 적극적으로 고용을 촉진해서 근로의 권리를 보장토록 의무를 부여해 직업 선택의 자유를 실질적으로 뒷받침토록 하고 있다.

윤석열 대통령의 경제철학의 멘토로 알려진 노벨경제학상 수상자이자 신자유주의 경제학파의 수장인 밀턴 프리드만은 저서《선택할 자유, Freedom to choice》에서 선택의 자유를 확대하기 위해 정부의 개입을 축소하고 규제를 철폐하고 낮은 세금과 민영화, 작은 정부를 주장한다. 또한, 각종 공공 복지제도를 철폐하는 대신 부의 소득세 도입을 주장한다.

밀턴 프리드만은 정부 재정 지출 확대를 통한 경제 불황 타개를 주장했던 케인즈 학파에 반대한 통화주의 창시자로 불황이나 인플레이션에 가장 중요한 영향을 미치는 변수가 통화량이라고 주장했다. 그는 자유시장 경쟁 체제의 굳건한 옹호자로 기업의 사회적 책임은 기업의 이윤 보장을 통해 기업이 이윤을 늘려 성장할 때 고용 확대에 이바지할 수 있다는 시각을 보여 성장과 함께 복지와 배분, 정부의 시장 개입을 주장하는 진보주의적 케인즈 학파와 차별화된 시각을 보였다.

밀턴 프리드만은 "경제적 자유는 정치적 자유를 위한 중요한 수단으로 자본주의는 권력집중을 방지하여 정치적 자유를 보호하는 정치적 자유의 필수요건"이라 주장한다. 또한, "자유와 평등을 중시한 사회는 둘 다 얻을 수 없지만, 평등보다 자유를 중시한 사회는 둘 다 얻을 수 있다."라고 주장한다.

이 밖에 그는 획일적인 공교육이 학생의 학교 선택의 자율권을 침해하고 오히려 사교육을 판치게 하고 특정 업종이나 직업에 대한 각종 보조금은 다른 산업이나 기업의 경쟁력을 훼손한다고 주장했다. 하지만, 노벨경제학상 수상자인 폴 크루그먼 교수는 신자유주의적 경제정책이 소득 불평등을 악화시키고 글로벌 금융 위기 같은 경제 위기를 초래한다고 비판하고 경제 위기 예방과 소득 불평등 해소를 위한 정부의 시장 개입을 옹호하였다. 그는 저서 《경제학의 향연, 1994》에서 '레이거 노믹스'로 대변되는 공화당 정부의 신자유주의 정책을 비판하면서 진보성향의 케인즈 학파를 옹호하였다.

경제 자유 지수

기업이나 개인 등 경제주체들의 경제활동이 얼마나 자유로운지를 측정하는 경제 자유 지수도 매년 발표되고 있다. 미국 워싱턴 DC에 있는 보수성향의 싱크탱크인 헤리티지재단은 1995년부터 12개 항목을 기준으로 전 세계 180여 개국을 대상으로 매년 경제자유지수 순위를 측정하고 있다. 12가지 항목*은 아래와 같다.

- 법의 지배(정부 무결성, 국가 청렴도, 사법 효율성)
- 정부 규모(정부지출, 조세부담, 재정건전성)
- 규제 효율성(사업자유, 노동자유, 금전적 자유)
- 열린 시장(무역자유, 투자자유, 금융자유)

*12개 항목을 동일한 가중치로 계산 평균하여 측정

2022년 3월에 발표한 경제자유지수에 의하면 한국은 19위를 기록했고 싱가포르, 뉴질랜드, 호주, 스위스, 아일랜드, 대만 등이 상위권을 기록했다. 북한은 세계 최하위를 차지했고 시진핑 집권 후 경제통제가 늘어난 중국이 158위, 러시아, 인도, 남미국가 등 규제가 많고 부패와 재산권 보호가 취약한 국가들도 경제자유지수가 최하위권에 머물렀다.
특이한 점은 UN의 행복 지수가 최상위권에 있는 북유럽국가들은 높은 세금과 복지로 인해 순위가 다소 낮아졌고 미국, 프랑스, 영국, 일본 등 서방 선진국들도 정부 지출 과다로 인한 재정 건전성 악화로 경제 자유지수가 상위권에 들지 못했다.

특히, 미국의 경우 지난해 코로나19로 인한 재정지출 확대로 경제 자유지수가 20위→25위로 하락해 1995년 조사 이래 가장 낮은 순위를 보였다. 한국의 경우 규제의 효율성이나 열린 시장 항목에서는 평균 이하의 낮은 점수를 받은 반면 재정건전성 등의 면에서 높은 점수로 순위가 상대적으로 떨어지지 않았다. 특히, 노동 시장 자유는 강성 노조 운동과 주5일제 경직 운영 등 노동시장의 경직성 상승으로 매우 낮은 순위를 보였다.

헤리티지 재단과 별도로 한국의 자유기업원, 미국의 케이토 연구소Cato, 캐나다 프레이저 연구소 등 전 세계 90여개 자유주의 연구기관들도 전 세계 165개국을 대상으로 경제자유지수를 발표하고 있다.
2022년에 발표한 2020년 기준 국가별 경제자유지수 순위에 의하면 한국은 165개국 중 43위를 기록했는데 2005년에 39위에서 2010년에 31위로 다소 상승하다 2015년에 41위로 2020년 43위로 다시 하락했다.

평가 항목별 세부 내역을 보면 한국은 통화 건전성(12위), 재산권 보호(35위), 정부 규모(100위), 무역자유(66위), 시장규제(58위), 노동 규제(151위)로 정부 규모나 노동 규제에서 100위권의 아주 낮은 점수를 받았고 시장규제나 무역 자유 면에서도 종합순위 이하의 낮은 점수를 받았다.

이들 기관이 발표한 경제자유지수 순위는 헤리티지 재단과 달리 영·미계 선진국들이 대부분 상위권을 차지했다. 미국(7위), 호주(6위), 일본(12위), 캐나다(14위), 뉴질랜드(4위), 영국(13위).

헤리티지 재단과 자유 연구원들이 발표한 경제자유지수 공통으로 싱가포르, 스위스, 뉴질랜드, 아일랜드는 최상위권에 러시아, 중국, 인도, 브라질은 최하위권에 포함됐다. 다만, 홍콩의 경우 최근 헤리티지 재단 조사 대상 국가에서 제외했는데 중국의 개입으로 경제정책에서 자주적 통제권을 행사하는 독립국가에서 제외되었기 때문이다.

선진국 중에는 이탈리아(47위), 프랑스(53위)가 한국보다 오히려 순위가 낮은 점이 이례적인데 이들 나라도 정부 규제나 정부 규모, 노동 규제에서 낮은 점수를 받은 것이 영향을 미쳤다.

선택의 자유(경제자유지수)는 UN이 발표하는 국가별 행복 지수의 중요 평가 항목에 들어 있고 국민소득 수준이 높고 국민행복지수가 높은 국가 대부분이 경제자유지수가 높은 점을 고려하면 우리나라가 상대적으로 낮게 평가 받는 경제자유지수 항목에 대한 개선이 필요하다고 본다. 그중에서도 상당히 낮은 평가를 받는 노동 분야와 정부 규제 및 정부 규모 분야는 개선이 시급하다고 본다.

특히, 지난 정부 5년간 친노동정책으로 노동시장의 경직성과 불법파업이 증가했고 국가부채와 공무원 수가 급증한 점은 개혁의 당위성을 잘 보여주고 있다. 한편, OECD가 지난해 발표한 자료에 의하면 한국의 기업가 정신은 OECD 39개국 중 27위로 하위권에 머물고 있다. 기업가 정신이 하위권에 머문 이유는 과도한 규제로 인한 낮은 경제자유지수, 포퓰리즘 정치와 시민단체에 의해 양산되어온 반 기업 정서, 강성 노조 등에 의한 노동시장의 경직성에 주로 기인한다.

한국이 과거 고도성장을 통해 지금의 세계 10대 경제 대국이 된 가장 큰 요인이 기업가 정신에 있음을 감안할 때 낮은 기업가 정신의 회복이 무엇보다 시급하다. 우리나라처럼 국토가 협소하고 부존자원이 적고 무역의존도가 높은 싱가포르나 대만, 아일랜드, 스위스 같은 국가는 공통으로 경제자유지수가 높고 국민행복지수도 높은바 이들 나라를 벤치마킹하여 선택의 자유를 확대할 필요가 있다.

2.

선택의 자유, 어떻게 확대할 것인가

'할 수 없는 나라'에서 '할 수 있는 나라'로

2-1. 규제를 네거티브 시스템으로 바꾸자

한국은 '규제 공화국'이라 불릴 정도로 경제활동에 대한 규제가 많다. 역대 정부가 들어설 때마다 규제 완화*를 외쳤지만, 정권 후반기로 갈수록 오히려 규제가 늘어나는 현상을 보였다.

역대 정부에서 추진한 규제철폐 운동이 실패한 이유는 크게 2가지로

* 규제를 이명박 대통령은 전봇대, 박근혜 대통령은 손톱 밑 가시, 문재인 대통령은 붉은 깃발, 윤석열 대통령은 신발 속 돌멩이라 부르며 이를 제거해야 한다고 외쳤다.

볼 수 있다. 첫째, 공무원 집단의 기득권 고수와 부처이기주의에 기인한 규제 존속이나 새로운 규제 신설이다. 대통령의 지시에 따라 청와대나 총리실이 나서서 범부처적인 규제 완화를 추진하지만 사실상 기업들이 요구하는 핵심 규제는 대부분 규제 완화 대상에서 빠지고 숫자 채우기에 급급한 곁가지 규제들만 완화되는 현상이 반복되고 있다.

이러다 보니 신산업이나 혁신 기업에 대한 규제 완화가 이루어지기 어렵다. 공무원 조직은 파킨슨 법칙처럼 조직 생리상 규제 권한을 통해 조직을 늘리려는 경향이 있기 때문에 새로운 조직이 생기거나 조직 구성원이 늘어날수록 규제의 종류나 강도가 늘어날 수밖에 없다. 큰 정부를 지향하는 정권이 들어설수록 이런 경향은 심화된다. 문재인 정부 5년간 공무원 수가 많이 늘어나고 정부 지출이 크게 확대된 결과, 규제도 대폭 증가할 수밖에 없었을 것이다. 특히, 눈에 보이지 않는 규제, 비명시적 규제는 공무원들의 무사안일, 복지부동과 결합할 때 민간의 경제 활동을 옥죄는 가장 암적인 존재다.

둘째, 행정부가 작은 규제 완화에 몰두할 때 국회에서 추진되는 포퓰리즘 성향이나 이념 지향적 규제 입법은 덩어리 규제나 대못 규제로 규제 완화에 역행한다. 역대 정부에서 대형 사건이 터질 때마다 원인 분석에 입각한 맞춤형 대책보다 정치권을 중심으로 여론몰이식 즉흥 입법을 추진함에 따라 경제활동을 옥죄는 덩어리 규제나 대못 규제가 양산되고 있다.

대표적 사례로 박근혜 정부 당시인 2014년 카드사의 대규모 개인 정보 유출 사고로 인해, 당시 추진되던 개인정보 활용에 대한 규제 완화가 중단되고 오히려 규제 강화가 이루어짐에 따라 4차 산업혁명의 쌀이라 부르는 데이터 산업과 핀테크 산업, AI 산업 육성이 크게 차질을 빚게 되었다.

이후 2016년부터 개인 정보 3법*에 대한 규제 완화를 추진했지만 시민 단체의 반대와 여야 간 정쟁으로 지연되다가 2019년에 국회에서 개인 정보 3법에 대한 규제 완화를 포함한 개정안이 통과 되었다. 문재인 정부 들어서는 반기업 · 친노동 정책으로 인해 반기업 · 반시장적 규제 법안이 증가하였다. 대표적 사례로 부동산 관련 규제 법안, 기업규제 관련 3법(상법, 공정거래법, 노동조합법), 임대차 3법, 타다금지법, 중대재해 처벌법 등이 있다.

규제 철폐 방안

이상 역대 정부의 규제 완화 실패 원인을 토대로 규제철폐 방안은 크게 2가지로 접근할 수 있다.
첫째, 그동안 역대 정부에서 총리실 주도로 규제 개혁위원회(위원장: 총리와 민간위원장 공동)와 규제 개혁단을 만들어 추진했지만, 현행 포지티브 규제 체계하에서는 곁가지 규제 완화에 불과했다는 경험적 사례가 이를 방증한다. 따라서 규제 완화 추진 방향은 규제시스템을 네거티브 시스템으로 전환한다는 전제하에서 기존 규제는 모두 제로화하고 각 부처가 공익 목적상 또는 공정한 경쟁질서나 소비자 보호차원 등에서 남겨 두어야 할 필수 규제를 총리실 규제 개혁단에게 제출하는 것으로 획기적인 방향 전환을 모색할 필요가 있다.

* 개인 정보 3법(개인정보 보호법, 정보통신망법, 신용정보법)

이 경우 총리실 규제 개혁단은 각 부처의 규제 존치 건의 정당성을 평가해서 민간 전문가로 구성된 규제위원회에 상정한 후 최종결과를 대통령에게 보고 후 정부 방침을 최종적으로 확정하고 입법사항의 경우 국회와 정치적 타결*을 모색할 필요가 있다.

둘째, 국회의 과잉 · 즉흥 입법을 방지하기 위한 제도적 장치를 마련할 필요가 있다. 의원입법의 경우 정부 입법보다 전문성이나 국민 여론 수렴 절차가 미흡할 수밖에 없는바, 정부 입법 수준으로 여론 수렴 절차를 강화하는 국회법 개정이 필요하다. 특히, 지금과 같은 거대 다수 당의 입법 횡포를 방지하는 장치를 보다 강화할 필요가 있다. 영국의 경우 의원입법에 대한 규제영향평가를 하고 있는데 한국도 이를 벤치마킹할 필요가 있다. 이와 함께 기존에 제정된 규제악법에 대해서는 헌법정신이나 조항에 맞지 않을 때 헌법재판소에 위헌 심판청구를 적극적으로 활용하는 방안도 검토해 볼 필요가 있다.

윤석열 정부 들어 대한상공회의소가 규제전문가 50명을 대상으로 '2023년 정부 규제 혁신 정책 추진 방향'을 조사한 결과 올해 시급한 규제 개선 분야로 갈등 규제(26.0%)가 1위를 차지했다. 이어 규제가 기술변화 속도를 따라가지 못하는 신산업규제(21.9%), 여러 부처 규제가 얽혀있는 '덩어리 규제(15.8%), 기업투자 걸림돌이 되는 '인허가 등 기업투자 관련 규

* 정치적 타결방안으로는 국민 생활에 영향을 크게 미치는 규제의 경우 여론조사를 활용하여 규제 철폐의 정당성을 확보하거나 여야정협의회에 상정해서 정치적 타협을 모색할 수 있다.

제'(13.0%) 등의 순으로 규제의 시급성이 조사되었다. 특히, 비대면 진료와 공유경제 등 기존 산업과 신산업 간 기득권을 둘러싼 갈등과 대립을 풀어나갈 해법 마련이 시급한 과제로 조사 되었다.

그동안 역대 정부에서 규제 완화를 추진했지만 실패한 가장 큰 이유는 현행 포지티브 규제시스템의 틀 속에서 규제 완화를 추진했기 때문이다. 따라서 국가규제시스템 전반을 네거티브시스템으로 근본적으로 바꾸는 제로 베이스식 규제철폐를 추진하지 않으면 역대 정부의 실패 사례를 되풀이할 수 있다. 네거티브 시스템식 규제철폐는 그동안 의원입법에 의해 만들어진 규제도 당연히 해당한다.
앞에서도 언급했지만 헌법 개정을 통해 헌법에 네거티브 규제 원칙을 명시하게 되면 글로벌 스탠다드에 맞지 않거나 국가경쟁력을 저해하는 기존의 규제 법안을 제로베이스에서 정비하는 계기가 될 수 있고 의원 규제 입법의 남용을 방지할 수 있다.

2-2. 직업의 종류를 선진국 수준으로 늘리자

헌법 15조에는 '모든 국민은 직업 선택의 자유를 가진다.'라고 규정하고 있다. 하지만 각종 규제로 인해 우리 국민은 실질적으로 직업 선택과 창업의 자유를 마음껏 누리지 못하고 있다. 특히, 4차 산업혁명으로 세계적으로 새로운 유망 직업과 신산업이 계속 탄생하고 있지만 한국은 규제에 가로막혀 변화의 물결을 수용하지 못하고 있다.

한국고용정보원*이 발간하는 한국직업사전에 따르면 우리나라 직업의 종류는 2019년 기준으로 16,891개다. 2012년 대비 5,236개가 증가했다.

하지만, 선진국인 미국이나 일본과 비교하면 각종 규제로 인해 직업의 종류**가 다양하지 못하다. 이런 이유로 우리나라는 건설업, 전통제조업, 도소매 · 음식 · 숙박업 등 특정 업종에 지나친 쏠림현상으로 젊은 층에서는 가고 싶은 일자리가 부족한 반면 기업 측에는 구인난을 겪는 미스매치 현상이 심화되고 있다.

또한, 서비스업은 도소매 · 음식 · 숙박업 등 특정 업종에 과다 쏠림현상으로 자영업자들이 경쟁 과열로 인한 레드오션에 빠져있다. 직업 선택의 자유 확대는 창업 활성화 등 일자리 확대와 직결되는 매우 중요한 국가적 과제이자 국민 행복 증대에 핵심 요소이다. 직업 선택의 자유 확대를 위해서는 앞서 언급한 현행 규제시스템을 「포지티브시스템」에서 「네거티브시스템」으로 전면 전환할 필요가 있다. 현재와 같이 정부가 개별적으로 혁신기업이나 혁신업종에 대한 제한적 규제 완화를 추진하는 방법(예를 들어 규제 샌드박스 방식)은 현실적으로 제약이 많고 효율적이지 못하다.***

* 한국고용정보원은 2012년부터 2019년까지 사업장 직무조사를 통해 우리나라 직업을 집대성한 한국 직업 사전통합본을 발간했다.
** 정확한 시계열 상 비교는 아니지만 1991년에 미국의 직업 수는 3만여 개, 1987년 일본의 직업 수는 25,000여 개로 2019년 한국의 16,891개보다 월등히 많다.
*** 기존산업이나 그곳에 종사하는 노동자들이 기득권 보호차원에서 혁신산업에 대한 규제 완화에 반발할 가능성이 있고, 현재와 같은 공직사회의 무사안일과 복지부동 분위기에서는 개별적인 규제 완화는 제약 요인이 많다.

직업 선택의 자유 확대를 위해 규제 시스템을 네거티브로 전환하더라도 그것으로 정부의 역할이 끝난 것은 아니다. 국민에게 선진국에는 있지만 우리나라에는 없는 새로운 직업이나 미래에 유망한 직업을 소개하고 새로운 직업에 창업이나 취업이 가능하게 창업지원과 직업교육, 훈련지원을 뒷받침할 필요가 있다.

예를 들어, 몇 년 전 교육인적자원부와 한국직업능력개발원은 미래의 유망 직업 분야로 ① 정보화 ② 세계화 ③ 사업서비스 ④ 첨단과학 ⑤ 문화산업 ⑥ 노인 및 의료(실버) ⑦ 웰빙(여행 · 레저 등) 등 7개 분야를 선정한 바 있는바, 차제에 범정부적으로 우리나라의 현행 직업의 종류와 실태, 선진국 실태조사를 토대로 향후 예상되는 유망직업 등을 파악, 분석해서 국민에게 알리고 취업이나 창업을 유인할 수 있는 장단기 대책을 수립할 필요가 있다. 직업 선택의 자유 확대를 실효성 있게 뒷받침하는 3대 과제는 아래와 같으며 구체적인 내용은 4장 '일자리 만들기'에서 자세히 설명하겠다.

① 현행 직업의 실태와 미래의 유망 직업을 조사해서 국민에게 체계적으로 알리는 방안
- 현행 직업의 종류, 종사자 처우, 경쟁 실태 등
- 미래 유망 직업소개(외국의 사례 포함)

② 정부가 권고하는 새로운 유망 직업에 대한 창업(startup)지원 방안

③ 새로운 직업에 취업할 수 있도록 직업교육, 훈련지원 방안이다.

특히, 신직업에 대한 직업교육 · 훈련은 고용노동부 차원의 단순한 직업교육 · 훈련을

넘어 교육 개혁 문제와 연계되어 검토되어야 한다. 4차 산업혁명, 고령화 등 인구구조 변화, 기후환경 변화 등 경제, 사회 환경 변화를 고려한 새로운 직업 인력 수요를 뒷받침할 수 있는 교육개혁(초중고대학)이 추진되어야 할 것이다.

참고로 미국의 유명 잡지사인 US & world 리포트지는 매년 유망직업을 선정해서 발표하고 있는데 지난해 발표한 유망직종은 다음과 같다.

- 랜섬웨어 등 사이버 공격, 해킹에 대비한 정보보안 분석가
- 고령화 사회에 따른 숙련 간호사, 의사 보조사, 메디컬, 헬스케어서비스매니저,
- 스프트웨어 개발자 등

한국고용정보원에서 발간한 한국직업사전에서 새로이 선정한 신생 직업은 아래와 같다.

- 4차 산업혁명 등 과학 기술 발전과 관련 AI 엔지니어, 드론 조종사, 빅데이터 전문가, 블록체인 개발자, 디지털 문화재 복원 전문가 메타버스 및 자율주행 전문가
- 저출산, 고령화 등 인구조 변화와 관련 유품 정리사, 애완동물 행동교정사, 모유수유전문가, 수납정리원 등
- 사회문화 환경변화 관련 범죄 피해 상담원, 주거복지사, 게임번역사, 스포츠 심리 상담사, 직업 체험 매니저 등

2-3. 사유재산권 침해는 기업가 정신을 훼손

선택의 자유와 관련된 또 하나의 이슈가 사유재산권 보장 문제다. 자본주의 시장 경제체제를 채택하는 모든 국가는 헌법에 사유재산권을 보장하고 사유재산권 침해를 할 수 있는 한계를 법률로써 정하도록 규정하고

있다. 사유재산권과 대립하는 용어는 공공재인데 흔히, 주택문제와 관련해서는 사유재산권과 공공재 문제가 충돌하는 경우가 종종 발생한다.

우리나라도 노태우 정부 당시, 부동산 가격이 급등하여 부동산 가격 안정을 위해 토지 공개념을 도입, 부동산 소유권을 제한하는 법률을 제정한 바 있으나 헌법상 보장된 재산권 침해 여지가 있어 폐기된 바 있다.
사유재산권 보장은 자본주의 시장경제 체제를 유지하는 핵심 요소로 자유로운 경제활동과 개인과 기업의 이윤 창출 행위를 뒷받침하는 요체이다. 따라서 사유재산권을 침해하는 규제는 자유로운 경제활동을 억압하는 행위로 국민의 행복 추구권을 억압하는 행위로 볼 수 있다.

문재인 정부 당시 부동산 대책 과정에서 헌법에 명시된 사유재산권 보장을 간접적으로 억압하는 각종 대책이 발표된 바 있다. 대표적인 것이 다주택자 양도세 중과와 고가주택을 소유한 1주택자에 대한 종부세 중과다.
소위 세금 중과를 통해 기존 주택의 매물 증대를 유도해 주택 가격안정을 도모코자 하는 취지인바, 이는 사실상 개인의 사유재산권을 침해하는 조치로 볼 수 있다. 또한, 세금 납부 능력이 없는 1주택자에 대한 과도한 종부세 부과는 거주이전의 자유를 사실상 침해하는 조치로도 볼 수 있다.
주택가격 안정을 위해 재건축 규제 완화와 같은 공급 확대를 통해 문제를 해결할 수 있는데도 재산권 침해 소지가 있는 수요억제를 고집한 것이다.

결국 이러한 방식은 주택가격 안정에도 실패했고 국민의 주거 행복추구권도 억압함으로써 정치적으로도 대선 패배의 한 요인으로 지적되고 있다.

이재명 민주당 대표가 대선후보 당시 제시한 기본주택 공약도 '집은 공공재이고 땅은 국민 모두의 것'이라는 대선 당시 이 후보의 발언과 맥락을 같이 하는 것으로 자본주의 시장경제 체제를 근간으로 헌법에서 보장한 사유재산권을 간접적으로 침해하는 공약이다.

우리나라는 미국 등 구미 선진국에 비해 상속·증여세율이 매우 높다. 높은 상속·증여세율은 고령화 시대에 자녀에 대한 증여를 어렵게 해서 경제 활력을 저해시키고 가업상속을 어렵게 한다. 실제로 높은 상속세율로 가업상속을 포기하고 기업을 매각하거나 사업을 접는 기업인들도 최근 늘어나고 있다.
기업과 기업인, 부자를 옥죄는 각종 반기업·반시장적 규제법도 사유재산권 보장을 간접적으로 침해하는 법이다. 이런 반기업 규제법으로 인해 기업가 정신이 갈수록 위축되고 있다. 기업가 정신 퇴조는 결국 기업의 생산·투자 축소로 이어져 경제 성장률 하락과 일자리 감소를 초래한다. 이처럼 사유재산권 보장은 사유재산권에 대한 직접적 침해는 물론 간접적 침해로부터 보장받는 것을 포함한다.

사유재산권 침해는 우리 헌법정신인 자본주의 시장경제 체제를 훼손할 뿐 아니라 성장둔화와 일자리 감소를 초래해 국민의 행복추구권을 침해하는 결과를 초래한다. 따라서 정부는 사유재산권 보장을 침해하는 각종 제도나 관행을 차제에 조사해서 제도적 개선 방안을 마련해야 할 것이다.

3.

정부의 시장 개입, 어디까지 정당한가

3-1. 시스템을 통한 시장 개입으로 관치 논란 차단

자본주의 시장경제 체제가 사회주의나 공산주의 경제체제보다 우월하다는 것은 이미 역사적으로 실증되었다. 하지만 자본주의 시장경제 체제에서도 시장실패가 항상 존재한다. 과거 대공황이나 글로벌 금융위기 같은 대형 경제위기가 아니더라도 자본주의 시장 경제체제 내에 내재한 독과점 현상이나 생산요소 간의 분배 격차, 경제 주체들의 도덕적 해이, 지배구조의 잘못으로 인해 시장실패가 발생하고 이에 따라 경제적 불평등 심화, 소비자 후생 저하, 자원배분의 효율성 저하 같은 현상이 초래된다.

따라서 시장실패를 예방하고 치유하기 위한 정부의 시장개입이 어느 정도 정당화된다. 경제학자들 사이에서도 애덤 스미스와 같은 고전학파나 밀턴 프리드먼과 같은 신자유주의 학파는 정부의 시장개입 최소화를 주장하는 반면 케인즈 학파나 폴 그루그만과 같은 진보적 케인즈 학파는 정부의 적극적인 시장개입을 주장한다.

자본주의 시장경제 체제를 도입한 우리나라의 경우 헌법 119조 ①항에 "대한민국의 경제 질서는 개인과 기업의 경제상의 자유와 창의를 존중함을 기본으로 한다."라고 규정하고 있고 ②항에는 "국가는 균형 있는 국민경제의 성장 및 안정과 적정한 소득분배를 유지하고, 시장의 지배와 경제력의 남용을 방지하며, 경제주체 간의 조화를 통한 경제의 민주화를 위해 경제에 관한 규제와 조정을 할 수 있다."라고 규정하고 있다. 이처럼 우리 헌법에서는 정부의 시장개입 근거로 아래 4가지를 명시하고 있다.
첫째, 균형 있는 경제 성장과 경기 변동 및 물가 안정에 대한 대응
둘째, 소득재분배
셋째, 독과점 규제를 통한 경제력 집중 억제 및 공정한 시장경쟁 질서 유지
넷째, 지배구조개선, 경영 자율화와 같은 경제 민주화

또한, 헌법 제23조 ①항에는 국민의 사유재산제도를 보장하고 헌법 제126조에는 "국방 또는 국민경제를 위해 법률이 정하는 경우를 제외하고는 사영기업을 국유 또는 공유로 이전하거나 그 경영을 통제 또는 관리할 수 없다."라고 명시하고 있다.
시장경제에서 시장과 정부는 상호보완이 불가피하다. 시장경제의 보완

을 위해 정부의 시장개입이 필요하지만, 때론 잘못된 시장개입이나 과도한 개입으로 오히려 시장실패를 초래하거나 악화시킨 경우도 많다. 따라서 정부가 나서야 할 부분, 나서지 말아야 할 부분에 대한 명확한 원칙과 개입 방법의 적정성에 대한 기준을 정립할 필요가 있다.

정부의 개입이 필요한 대표적인 분야가 금융 분야이다. 지난해부터 한국은행이 기준금리를 인상하는 과정에서 은행이 금리인상에 따른 소비자들의 고통은 외면하고 예대차익을 늘려 이자 장사에만 몰두한다는 비판이 꾸준히 제기되었다. 이런 상황에서 최근 은행들이 지난해 이자 장사로 벌어들인 막대한 수익으로 성과급 파티를 벌인다는 비판이 제기되면서 금융당국 수장은 물론 대통령과 정치권까지 나서면서 정부의 규제를 언급하고 있다. 은행 규제의 이유는 은행의 공공재적 성격과 과점체제와 지배구조 문제로 인해 시장의 실패가 발생했기 때문이다. 즉, 국내 은행들이 과점체제에 안주하며 우월적 지위를 이용해 이자 장사에 치우친 영업 행태를 보이기 때문에 경쟁체제를 도입해 은행 산업의 경쟁력 제고와 소비자 이익 제고를 도모한다는 점에서 정부의 개입은 일리가 있어 보인다.

시장에서는 경쟁 체제 도입방안의 하나로 영국의 챌린저 뱅크와 같은 소규모 특화은행인가, 핀테크 기업 등에 대한 스몰 라인선스 도입방안, 인터넷 전문은행 및 충청은행과 같은 지방은행 추가인가 등 다양한 방안이 거론되고 있다. 하지만 최근 미국 실리콘밸리에 있는 기업 전문 특화은행인 실리콘밸리은행SVB이 고금리 여파로 인한 예금인출사태(뱅크런)로 파산하고 암호화폐 특화 지역은행인 시그니처 은행 등 여타 은행으로 불똥이

튀어 미국 바이든 대통령까지 나서 뱅크런 사태 진화에 나서자 은행권 경쟁 확대를 위한 신규은행 인가 움직임이 위축될 전망이다. 따라서, 지금과 같이 전 세계적인 고금리 추세로 대내외 금융시장 환경이 불안한 상황에서는 은행 신규인가와 같은 경쟁 체제 도입방안은 신중할 필요가 있다. 대신에 금융당국이 발표한 대로 은행권의 영업 관행 개선을 적극적으로 추진해 은행의 금리산정 및 운영체계가 적정한지부터 점검할 필요가 있다.

지금은 개선되었는지 모르겠으나 얼마 전까지 필자가 주변으로부터 들어온 가장 큰 불만은 은행의 가산 금리 문제다. 그동안 대부분의 은행이 대출만기 연장 시 가산금리를 붙여 대출금리를 올리고 있는데 연체도 없이 원리금을 꼬박꼬박 성실히 납입하는 장기 고객은 오히려 은행 입장에서 마이너스 가산금리인 우대금리를 적용하는 게 정상적인 상거래 관행인데도 이들에게 가산금리를 무차별적으로 적용하고 있다. 항공사들이나 유통회사들의 경우 장기고객들은 신규 고객 유치 비용이나 마케팅 비용이 들지 않아 가격할인이나 마일리지 혜택을 주고 있는데 유독 금융업만 장기 성실고객에게도 바가지를 씌우는 우월적인 영업 행태를 보인다.

따라서, 이런 세밀한 부분까지 금융당국이 꼼꼼히 챙겨 소비자 피해가 발생하지 않도록 점검할 필요가 있다. 또한, 은행 간 금리 비교 공지 사이트 운영, 싼 대출금리로 갈아탈 수 있는 대환대출서비스, 고객의 금리 인하 요구권 등이 현장에서 원활히 운영되고 있는지 점검해서 이를 활성화하는 것도 은행 간 금리 경쟁 촉진에 실질적인 효과가 있다고 생각된다.

3-2. 지배구조 개선을 통해 경영 감시 강화 해야

금융회사의 경우 그동안 금융상품의 불완전 판매로 인해 크고 작은 소비자 피해사례가 빈발하고 고객 자산을 잘못 운영하거나 리스크 관리 실패로 뱅크런 사태나 금융회사 파산 사태까지 발생하는 것은 회사 경영에 대한 내부통제와 견제 · 감시 장치가 잘 작동되지 않기 때문이다. 이런 상황에서 금융회사 종사자들이 주주가치 제고나 고객 이익확대보다 자신들의 눈앞의 이익을 위해 단기 경영 성과에 연연하거나 높은 성과급 잔치를 벌이는 것은 지배구조에 문제가 있기 때문이다.

은행 등 수많은 계열사를 거느리는 국내 금융지주사의 경우 모두 외국인 주주들이 지분의 절반 이상을 분산 소유하는 사실상 주인 없는 금융회사로 그동안 금융지주 회장들이 자기 영향력 하에 있는 사외이사로 구성된 이사회에서 견제와 감시를 거의 받지 않고 계속 연임하는 등 황제경영에 가까운 경영형태를 보여 왔다. 따라서, 지배구조 개선을 통해 이사회를 통한 경영감시 기능이 원활히 작동되도록 하고 CEO 선임이 투명하고 공정한 절차에 따라 이루어지도록 하는 것이 중요한 과제다.

사실 지배구조 문제는 구성원이 있는 모든 조직에 항상 발생하는 문제이다. 가정이나 기업, 단체, 국가라는 크고 작은 구성원을 움직이는 조직에서는 제대로 된 지배구조 확립 여부가 조직의 성패를 결정한다. 예를 들어, 기업의 CEO나 국가지도자가 투명하고 공정한 절차에 따라 선발되지 못하거나 이들에 대한 견제 · 감시 장치가 제대로 작동되지 못할 때 그 기업이나 국가는 발전하기 어렵고 소속 구성원 모두 행복을 누리기 어렵다. 이처럼 모든 조직에 지배구조가 중요하지만, 특히, 금융과 같은 공공재 성격을 갖는 분야의 경우 지배구조 문제로 금융위기가 발생할 수 있어 더욱 중요하다.

금융의 경우 지배구조에 문제가 생길 때 과거 우리나라 외환위기나 글로벌 금융위기와 같은 대형 금융위기를 초래할 수 있기 때문이다. 대부분의 금융사고나 소비자 피해사례는 금융회사 내 이사회가 CEO 등 집행 경영진의 업무를 제대로 견제 · 감시하지 못하여 발생한다. 국내 금융 지주사의 경우 그동안 지주 회장들이 이사회 내 사외이사들의 견제를 받지 않고 장기간 연임해 왔는데 지주 회장이 사외이사를 포함해 이사회구성원을 본인에게 우호적인 인사로 선임하고 지주사는 물론 계열사 사외이사들의 임기 연장도 사실상 지주 회장이 결정하기 때문에 사외이사들이 이사회 안건을 반대하거나 지주 회장의 연임을 반대하기 어려운 구조이다.

이런 이유로 지주 회장이 마치 재벌 오너회장처럼 황제경영을 한다는 비난을 받기도 한다. 따라서 이사회가 제대로 역할을 하려면 이사회 내 과반 이상을 차지하는 사외이사의 독립성 강화가 필요하다. 독립성 강화방안의 하나로 사외이사 선임과정에서 CEO의 개입을 차단하고 임기를 4년 단임 임기로 하며 계열사 사외이사로도 선임되지 못하게 할 필요가 있다.

사외이사 선임과정에서 CEO 개입 차단 방안으로는 현행 사외이사 정원 수의 10배에 달하는 사외이사 후보풀을 사전에 구성토록 하고 그 속에서 기존 사외이사들이 선발하는 방안도 생각해 볼 수 있다. 또한, 감독규정이나 모범 규준에 사외이사 자격요건을 두어 도덕적 · 윤리적으로 사회적 물의를 일으키거나 과거 사외이사 재임 시 대형 금융사고나 소비자 피해 발생 등으로 CEO가 중징계나 형사처벌을 받거나 해당 금융사가 과태료를 받는 등 적절한 감시 의무를 못한 전력이 있는 경우 선임할 수 없도록 하는 방안도 검토할 수 있다.

우리나라에서 유독 지배구조 문제가 지적되는 또 다른 분야는 재벌의 지배구조 문제다. 재벌의 경우 국가 경제에 중대한 영향을 미치지만, 금융 · 통신 등 공공성이 있는 분야가 아닌 경우 사실 정부가 민간기업의 지배구조에 간여할 수는 없다. 하지만, 삼성 · 현대차 등과 같이 우리 경제에 막대한 영향을 미치는 재벌의 지배구조가 정상적으로 작동되지 않을 때 국가 경제 차원에서 수수방관만 하기도 어려운 상황이다.

선진국의 세계 유수 기업의 경우 대부분 창업주가 경영을 이끌고 있고 창업주 유고 시에 대비한 CEO 육성프로그램이 잘 만들어져 있어 창업주의 2세나 3세에게 경영승계가 이루어지는 사례는 극히 드물다. 그만큼 지배구조가 잘 정립되어 있고 자본시장을 통한 CEO 견제 및 감시 장치가 원활히 작동되고 있다. 반면, 우리나라의 경우 재벌 그룹의 대부분이 창업주를 거쳐 2세, 3세로 경영이 승계되는 것이 불문율의 관행처럼 되어있다.

물론, 오너경영체제가 우월하냐 전문경영인체제가 우월하냐의 이분법적 논란은 바람직하지 않으나, 선진국의 글로벌 기업과 달리 창업주 유고에 대비한 후계 육성 프로그램에서 전문경영인이 원천적으로 배제되는 풍토는

바람직하지 않다. 국내 굴지의 재벌그룹 중 창업주나 2세보다 더 좋은 경영 능력을 보여주는 3세 경영인이 있는 반면, 2세보다 훨씬 못한 경영 능력을 보여주는 3세 경영인들도 많다. 만약, 선진국처럼 지배구조가 제대로 갖춰져 있고 자본시장을 통한 주주들의 견제 및 감시 장치가 원활히 작동되었다면 무능력한 가족보다 유능한 전문경영인에게 경영승계가 이루어졌을 것이다.

한편, 우리나라의 경우 은행과 비슷하게 지배구조 문제가 부각되는 사례는 포스코나 KT, KT&G와 같은 공기업 성격의 민간기업들이다. 이들 기업들도 은행처럼 국가 경제 전반에 영향을 미치고 과거 정부 지분을 민영화해 지금은 은행처럼 외국인과 국민연금 등이 대주주인 사실상 주인 없는 회사처럼 운영되고 있다. 그래서, 정권교체 시마다 지배구조가 흔들리는 문제가 되풀이되고 있고 금융 지주사처럼 CEO가 사외이사를 본인에 우호적인 인사로 구성해서 연임을 도모하고 사외이사들의 견제 · 감시 장치가 원활히 작동되지 못하고 있다.

따라서 이들 기업들도 금융지주회사와 마찬가지로 사외이사의 독립성 강화 장치를 통해 CEO는 물론 외부 세력으로부터 간섭받지 않고 경영감시를 할 수 있도록 할 필요가 있다. 한편, KT나 포스코 CEO 선임 과정에서 대주주인 국민연금의 적극적인 의결권 행사와 관련하여 정부가 국민연금을 동원해 민간 회사의 경영권에 개입하는 '연금사회주의' 라는 비판을 제기하고 있다. 하지만 대주주인 국민연금이 국민연금의 이익을 위해 주주총회에서 의결권을 행사하는 것은 정당한 스튜어드십 행사로 볼 수 있다.
다만 정부가 국민연금을 동원해서 지배구조에 관여하는 것은 관치나 연금

사회주의란 비판을 받을 소지가 있다. 따라서 국민연금의 스튜어드십 행사는 투명하고 독립적으로 할 수 있는 시스템을 마련하여 행사함으로써 관련 소지를 차단할 필요가 있다. 지배구조 문제는 기업이나 국가의 흥망성쇠를 결정할 만큼 중요한 이슈이기 때문에 최근 글로벌 경영 전반에 불고 있는 ESG 경영트랜드에 지배구조Governance가 한 축을 구성하고 있다.

요약해보면 정부의 시장개입 불가피성이 인정되더라도 아래와 같이 원칙과 방법에 대한 확고한 기준을 정립하는 것이 관치 논란이나 불법 개입 소지를 원천적으로 차단할 수 있는 방편이라고 본다.
첫째, 정부의 시장개입은 헌법이나 법률이 정한 범위 내에서 한다.
둘째, 시장개입에 있어서도 지배구조 개선이나 경쟁체제 도입과 같은 인치가 아닌 시스템 개선을 통해 이루어지도록 한다.
셋째, 시장의 가격 조절 기능이나 자원배분 기능을 침해하지 않도록 최소한의 개입을 원칙으로 한다.

최근 은행들의 영업행태에 대한 금융당국의 대응이 지배구조개선이나 은행 산업에 대한 경쟁 체제 도입과 같은 시스템적인 접근에 주력하는 것도 자칫 관치 논란이나 정부의 불법 개입 소지를 차단하려는 의도로 보인다. 또한, 시장실패가 가장 많이 발생한 분야가 독과점이나 담합 등으로 인한 경제력 집중이나 불공정한 시장 거래 질서에 의해 초래되는바, 공정거래위원회나 금융당국이 제도개선이나 조사·감독을 통해 경제력 집중 억제와 공정한 거래 질서 확립에 더욱 노력하여야 할 것이다.

[4]
좋은 일자리 만들기

1. 좋은 일자리는 국민 행복에 왜 중요한가

인간에게 일자리는 단순한 생계 보전 수단 이상의 가치를 갖는다. 일자리는 인간에게 자아실현의 통로로서 일자리를 통해 사회에 기여할 수 있다는 존재감을 인정받는다. 그만큼 일자리는 삶에 보람과 성취, 만족감을 준다. 일자리는 젊은 층에는 결혼, 출산 문제와 관련되고 노령층에는 노후 문제와도 연관되는 행복의 필수조건이다.

최근 한 연구조사에 의하면 젊은 세대의 가장 큰 걱정거리는 '일자리'와 '주택문제'로 조사됐고 결혼과 출산을 기피하는 가장 큰 이유도 일자리로 밝혀졌다. 중 · 장년층에 있어서도 일자리는 자녀교육과 주택 마련에 가장 중요한 수단이다. 백세시대를 맞아 직장을 은퇴하는 고령인구가 갈수록 늘고 있지만 노후 자금 마련 등 경제적 문제뿐만 아니라 노후를 어떻게 보낼 것인가의 문제도 결국 일자리 문제로 귀결된다.
이처럼, 일자리가 국민 행복의 가장 중요한 필수요건이 되고 있지만, 앙드레 지드의 소설 제목 '좁은 문'처럼 취업 문턱은 갈수록 높아져 취업을 포기하는 젊은 층이 늘어나 젊은 세대의 분노의 주요 원인이 되고 있다. 일자리 문제는 모든 세대에 걸쳐 행복을 결정하는 주요 이슈가 되고 있어 전 세계적으로 일자리 만들기는 선거에 가장 뜨거운Hot 이슈로 떠오르고 있다.
최강대국인 미국의 경우 과거 대선에서 자국 내 일자리를 많이 만들기 위해 자국 우선주의에 바탕을 둔 '보호무역주의 강화' 공약을 내세운 트럼프가 당선되었고 바이든 대통령도 트럼프 전 대통령과 유사한 정책 기조를 이어가고 있다.

우리나라도 역대 대통령 선거에서 대부분의 후보가 일자리 창출을 주요 공약으로 내세웠다. 대통령 당선 후에도 일자리 창출에 많은 의욕을 보였지만 눈에 띄는 성과를 거두지 못했다. 아이로니컬하게도 출범 초기 일자리 창출에 가장 큰 의욕*을 보였던 문재인 정부에서 가장 저조한 일자리 창출 성과를 거둔 것으로 나타났다.
일자리가 지속적으로 창출되기 위해서는 경제가 지속적으로 성장해야 한다. 이를 위해서는 갈수록 떨어지는 잠재 성장률을 높이기 위한 종합적인 대책이 필수적이다. 특히, 저출산 · 고령화로 생산가능 인구가 갈수록 줄어드는 우리나라의 경우 저출산 · 고령화 대책과 함께 추진되어야 한다.

* 문재인 전 대통령 취임 후 1호 업무지시가 일자리 위원회 설치였으며 집권 초기에 청와대에 일자리 수석을 두고 일자리 상황판까지 설치하며 일자리 창출을 독려했다.

2.

역대 정권의 일자리 만들기 정책 왜 실패했나

2-1. 구조적 대책보다 단기 대증요법에 주력

국내 일자리가 늘지 않는 것은 '고용 없는 성장' 지속과 같은 구조적 요인에 기인하는 측면이 크다. 하지만, 역대 정권에서 효과에 시간이 걸리는 중장기적인 구조적 대책보다 단기효과를 노린 단기 대증요법에 주력하다 보니 반짝 효과에 그치거나 오히려 부작용으로 민간의 일자리 감소를 초래한 사례도 발생했다. 대표적인 사례가 박근혜 정부의 건설경기 부양책과 문재인 정부의 공무원 증원 등 정부 지출 확대를 통한 단기 일자리 늘리기 정책이다.

우리나라의 경우 저출산 · 고령화로 인한 생산 인구감소로 잠재성장률이 지속 하락할 가능성이 크다. 잠재성장률 하락은 생산·투자·소비둔화로 이어져 결국 고용 악화를 초래하기 때문에 잠재성장률 하락을 방지하는 것이 고용유지에 중요한 정책 목표가 될 수밖에 없다.*
산업구조 면에서도 투자액 대비 고용효과가 높은 서비스업보다 제조업 비중이 높다. 제조업도 조선·철강·화학·기계·전자·자동차 등 전통 제조업의 비중이 높은바, 이들 업종의 경우, 향후 중국 등 경쟁 상대국과의 경쟁에 밀려 국내 일자리가 줄어들 가능성이 크다.

최근 중국·인도 등 후발 경쟁국의 추격과 미국 등 선진국들의 보호무역주의 성향의 규제로 국내 제조업 공장의 해외 이전과 해외투자가 증가하고 있는 상황도 국내 일자리 감소 요인으로 작용하고 있다. 반면, 전통제조업을 대체할 혁신 산업에 대한 투자는 각종 규제와 외국인 투자에 대한 인센티브(조세 등)축소로 기대만큼 늘지 못하고 있다.
고용효과가 높은 서비스업도 도소매·음식·숙박업 등 전통 서비스업에 지나치게 몰려있어 경쟁 격화로 도산 업체가 갈수록 늘어나고 있어 향후 일자리 감소요인으로 작용하고 있다. 반면, 이를 대체할 관광, 보건, 의료, 교육, 환경과 같은 선진국형 서비스업은 각종 규제로 일자리가 많이 증가하지 못하고 있다. 4차 산업혁명에 따른 디지털 경제 확산도 기존 산업의 일자리 감소를 초래할 수 있다.

* OECD가 2021년 11월에 발표한 재정전망보고서에 의하면 우리나라의 1인당 잠재 GDP 성장률이 2000년~2007년 연 3.8%에서 2007년~2020년 2.8%, 2020년~2030년 1.9%, 2030년~2060년 0.8%로 계속 하락하는 것으로 전망했다. 이 보고서에 의하면 한국은 2020년~2030년까지는 OECD 평균(1.3%)보다 잠재성장률이 높지만 2030~2060년에는 OECD 평균(1.1%)은 물론 미국(1.0%) 보다 낮은 30개국 중 최하위 국가로 전망되었다.

예를 들어, 전 세계적으로 핀테크 등 혁신산업 등장으로 은행 등 금융회사의 점포와 종사자 수가 크게 감소한 반면* 새로운 혁신산업 분야의 일자리는 많이 증가하고 있다. 하지만 우리나라는 디지털 경제 확산에 따른 산업의 구조조정과 이에 따른 인력구조 조정이 지연되고 있어 대비책이 없으면 향후 일시에 큰 폭의 일자리 감소라는 충격이 올 수 있다.
우리나라의 경우 노동시장의 경직성과 핀테크 산업에 대한 규제로 기존 은행권의 인력감축도 미미하고 핀테크 산업 분야의 인력증원도 미미한 상황이다. 향후 금융 분야에서 전 세계적으로 디지털 금융 혁신이 가속화될 때 규제 완화 없이는 기존 금융권의 인력감소를 대체할 새로운 분야의 일자리 창출은 어려울 것으로 보인다.

산업 구조조정 지연과 함께 인력수급 불일치 문제도 일자리 창출에 큰 장애요인이다. 디지털 경제 확산으로 오래전부터 하드웨어보다 소프트웨어에 대한 인력 수요가 급증했는데도 국내 초·중·고 및 대학에서 소프트웨어 인력을 양성할 교육프로그램이나 과정이 미흡해서 인력공급을 하지 못하고 있는 실정이다. 삼성전자의 경우 이런 사정으로 인도 등 해외에서 소프트웨어 인력을 충원해 사용하고 있다.

4차 산업혁명에 따른 혁신산업육성에 필요한 인재를 국내에서 원활히 공급하기 위해서는 교육개혁이 이를 뒷받침해야 하나 교육계의 기득권 사수와 이념에 경도된 시민단체의 반대로 지지부진한 실정이다.

* 영국의 경우 디지털 경제 확산으로 기존 은행의 점포와 종사자 수가 30% 정도 감소한 반면 핀테크 산업 육성으로 이 분야에 기존 금융권 인력감소 이상의 신규인력이 충원되었다

2-2. 각종 규제와 반기업 정서로 투자를 망설이는 기업들

국민 세금을 들이지 않고 일자리를 늘릴 수 있는 묘책이 규제 철폐이다. 우리나라의 경우 선진국에 비해 기업 활동이나 경제활동에 대한 규제가 많다. 특히, 혁신 산업은 규제로 인해 startup 들의 창업이 어렵다.

고용효과가 큰 선진국형 서비스 산업도 각종 규제로 인해 육성이 어렵다. 대표적인 사례가 영리 의료법인과 원격진료에 대한 규제이다. 어렵게 창업된 혁신기업들도 경쟁업체인 기존사업자나 기존 업체에 종사하는 노동자들의 기득권 사수를 위한 반발로 새로운 규제가 생겨 어려움을 겪고 있다. 대표적인 사례가 타다 규제이다. 기존 택시업계 종사자의 반발로 모빌리티 플랫폼 사업자인 타다의 경우 2년 전 타다금지법으로 불리는 여객 운송사업법개정*(2020. 3월)으로 운행을 접었다.

타다와 함께 전 세계적으로 운행되어온 모빌리티 플랫폼인 우버도 서울시와 검찰의 압박에 한국에서 서비스를 접었다. 기존 택시업계의 반발로 국회와 정부가 운송 분야에 새로운 형태의 서비스 진입은 막았지만, 막상 기존 택시운송 종사자들의 상당수는 그 후 배달 · 대리기사 등 새로운 서비스 플랫폼으로 이전함에 따라 택시기사 부족으로 택시 대란이 발생하자 윤석열 정부 들어 해결책으로 모빌리티 플랫폼 규제 완화 방안을 검토하고 있다.

* 택시 면허 없이 승객을 태우려면 매출의 5% 또는 차량 1대당 월 40만 원을 기여금으로 내도록 규제가 강화되었고 타다의 이재용 대표는 불법 영업행위로 기소돼 재판까지 받게 되었으나 2심에서 무죄로 판결.

반기업 정서에 입각한 각종 기업규제법도 기업의 국내 투자를 주저하게 하고 해외투자로 내몰고 있다. 외국인 직접 투자FDI의 지속적인 감소도 국내 일자리 감소에 중요 요인이 되고 있다. 미국 · 영국 · 프랑스 · 독일 · 일본 등 G5 국가의 경우 자국 내 일자리 창출을 위해 외국인의 자국 내 투자에 대한 각종 인센티브를 늘리고 있지만 한국의 경우는 문재인 정부 들어 외국인 직접투자에 대한 유인책을 축소시켰다. 그 결과 우리나라의 GDP 대비 FDI 비율(2015~19년)은 0.6%로 G5 평균 1.6%에 비해 매우 낮은 편이다. 우리나라보다 GDP 대비 FDI 비율이 높은 미국(1.3%)의 경우 트럼프 정부부터 현행 바이든 정부까지 자국 우선주의에 입각해 외국인 투자 유치 책을 적극적으로 추진하고 있다.

G7 국가 중 GDP 대비 FDI 비율이 가장 낮은 일본도 2014년 아베 정권 당시 총리 직속 FDI 전담 기구를 설치해서 외국인 투자 환경개선에 총력을 기울인 결과 2017년부터 FDI가 꾸준히 증가해서 최근 3년 연속 증가율이 한국을 크게 앞서고 있다.*
반면 한국의 경우 2019년 외국인 투자 기업에 대한 법인세 감면 폐지, 법인세율 인상, 근로 시간 단축과 최저임금 인상 등의 영향으로 FDI가 계속 감소하고 있는데도 외국인 투자유치를 위한 범정부 차원의 노력을 기울이지 않고 있다. 기업인과 부자들에 대한 반감 정서 확대와 높은 세금부과도 이들의 해외 이민을 부추겨 국내 일자리 감소에 영향을 미치고 있다.

* 2021년 일본 정부는 GDP 대비 FDI 잔액 비중을 2020년 7.4%에서 2030년 12.0%로 4.6%P 높인다는 목표를 정하고 대만 TSMC, 미국 마이크론 테크놀로지 등 글로벌 반도체기업의 투자유치에 총력을 기울이고 있다.

2-3. 불법 노동운동과 유연성이 낮은 제도 방치

우리나라의 국가 경쟁력 순위를 떨어뜨리고 외자 유치에 가장 나쁜 영향을 주는 분야 중 하나가 노동시장의 경직성을 꼽을 수 있다. 또한 경제 자유 지수를 하락시키는 주된 요인 중 하나가 노동시장의 유연성 부족이다. 각종 설문조사에서 외국인들이 국내 직접투자를 망설이게 하는 가장 큰 요인으로 강성노조와 국내 노동 관련 제도를 꼽고 있다.

최근 한국 경영자총연합회가 직원 50명 이상 외국인 투자기업 125개 사를 설문 조사한 결과 이들 기업의 1/3이 경직된 근로 시간제, 기간제 · 파견 등 비정규직 고용 규제, 해고 관련 규제 등으로 한국 투자와 사업 규모 축소를 고려하고 있다고 한다. 기존에 한국에 투자했던 많은 기업도 경영 환경 악화나 강성노조 등에 시달려 한국을 철수하는 사례가 늘고 있다.*

한국에서 특히 문제가 되는 것은 대기업이나 금융회사 정규직 노동자들로 구성된 강성 귀족노조다. 이들은 상대적으로 근로조건이 양호한데도 자신들만의 고용안정과 높은 근로조건을 고집하며 자신들의 요구조건이 관철될 때까지 노사 간 협상을 파업이라는 파행으로 몰아간다.

그 결과 장기간 파업으로 인한 생산과 매출 차질, 생산성 저하 등으로

* 한국 철수 외국기업 현황: 2016년(58개 사)→2010년(80개 사)→2018(68개 사)→2019(173개 사)

기업 경쟁력 하락과 국내 공장의 해외 이전 및 국내 신규 투자 기피로 국내 일자리 감소를 초래하고 있다. 또한, 대기업 정규직 노조의 무리한 요구를 수용하는 과정에서 기업들이 비정규직과 하도급 기업에 부담을 전가함에 따라 이들의 근로조건이 더욱 열악해지는 상황을 초래하게 되었다.

이에 따라 국내 노동시장에서 정규직 vs. 비정규직, 원청 vs. 하도급, 노조원 vs 비노조원 간의 근로조건의 격차가 커지는 노동시장의 이중 구조가 심화하고 있다. 대기업 노조의 대표라 할 수 있는 현대차 노조의 경우 1987년 설립 후 잦은 파업으로 생산 차질 대수와 매출 차질이 천문학적 숫자에 이르고 이에 따라 생산성이 세계 자동차 업계 중 최하위권에 머물고 있다.

예를 들어, 현대자동차 울산공장과 미국 앨라배마공장은 공장 자동화율은 비슷한데도 생산성은 울산공장이 미국 앨라배마공장의 절반 수준에 머물고 있다고 한다. 이런 이유로 현대차는 생산 공장을 해외로 이전하는 작업을 꾸준히 추진하고 있고 특히, 전기차 생산이 본격화되면서 전기차 생산 공장의 해외 설립에 박차를 가하고 있다.
최근 전기차 생산이 본격화되면서 고용불안을 느낀 국내 자동차 기업(현대, 기아, GM, 르노)의 노동자들이 강성 노조위원장을 선출하는 등 향후 노조 운동이 더욱 강경해질 것으로 보인다. 이들은 벌써부터 정년 62세 연장, 차량 온라인 판매금지 등 무리한 요구를 하고 있어 앞으로 험난한 노사관계를 예고한다.

국내 대기업 노조의 가장 큰 문제는 이들 노조가 민노총이나 한노총 등 상위 노조 단체의 막강한 조직력과 자금력을 바탕으로 노조 고유의 영역이 아닌 기업 경영에 관한 사안까지 요구한다는 점이다. 특히, 민노총은 국내 정치적인 문제나 국가의 안보나 외교에 중대한 영향을 미치는 사안에까지 목소리를 높이는 등 노조 고유의 영역을 일탈하고 있는데도 그동안 정치권과 정부는 속수무책으로 이를 방관해 왔다. 특히, 일부 정치권은 선거를 의식해 노조의 무리한 요구를 수용하거나 선거에 이용하는 사례까지 발생하고 있다.

대표적인 사례가 지난 대선에서 공론화된 '노동이사제'와 최근 더불어민주당과 정의당에서 제안된 가칭 '노란 봉투법'이다. 노동이사제의 경우 2022년 1월 국회 본회의에서 관련법이 제정되어 지난해 하반기부터 공기업과 준정부기관 등 공공기관에서 도입을 추진하고 있다. 가뜩이나 노조의 권한이 센 공공기관에 노동이사제가 도입되면 방만한 경영으로 국민의 혈세가 낭비되고 공공기관의 개혁이 더욱 어려워질 것으로 보인다.

더불어민주당과 정의당 등 야권을 중심으로 추진되는 '노란 봉투법'이라 부르는 노동조합 및 노동 관계 조정법 개정안은 하청기업의 노조가 원청을 상대로 교섭을 요구할 수 있는 내용을 골자로 하고 있어 이 법이 도입되면 노조의 불법파업이 더욱 확산되어 국가 경쟁력 추락과 대외 신인도 하락, 국내 고용감소 등 엄청난 부작용이 초래될 것으로 예상된다. 이런 이유로 재계에서는 '노란 봉투법'을 '불법 파업 조장법'이라 칭하며 이 법은 민사상 불법 행위에 대한 손해 배상책임 부과라는 민법의 기본원리에 어긋나는 사실상 노조에 면죄부를 주는 법이라고 강력히 반대하고 있다.

2-4. 잘못된 정부정책으로 사라지는 일자리들

정부의 잘못된 정책도 일자리 감소의 주요 원인을 제공한다. 대표적인 사례가 지난 정부에서 추진된 탈원전 정책과 소득 주도 성장 정책이다. 탈원전 정책으로 원자력발전 장비업체인 두산중공업과 90여 개의 원전 핵심부품 공급업체에서 절반가량의 인력이 일자리를 잃었다. 탈원전 정책 추진 당시 딜로이트와 에너지경제연구원에서는 국내 원전 관련 인력 1만 명이 일자리를 잃는다고 연구 결과를 발표(2018. 9월)했는데도 문재인 대통령 정부는 탈원전 정책을 밀고 나갔다.

그 결과 세계적으로 수출 경쟁력을 갖고 있는 국내 원전 관련 산업은 고사 직전에 몰렸고 우수 인력은 해외로 탈출했다. 탈원전을 대신한 태양광, 풍력 등 재생에너지 확대 정책은 효과적인 에너지 공급에 이바지하지 못하면서 정부예산 낭비와 환경파괴, 한전의 적자 폭만 증대시키는 결과를 초래했다.

실례로 정부의 태양광 확대 정책에도 불구하고 값싼 중국산 제품에 밀려 국내 재생에너지 산업의 고용인원은 오히려 감소(2017년 9,680 → 2020년 9,316명)했다. 문재인 정부가 추진한 2050 탄소 중립 계획*도 국내 산업계의 현실을 고려하지 않는 실현 가능성이 떨어지는 보여주기식 정책으로 예산 낭비와 전기 요금 인상 유발 및 국내 일자리 감소를 초래하는 대표적인

* 2050년 국내 온실가스 감축목표(NDC)를 세계 유례없이 무리하게 40%로 상향하는 계획을 UN에 보고하는 바람에 그에 따른 비용을 국민이 모두 부담해야 하는 상황이다.

정책 실패 사례다.*

소득 주도 성장정책도 일자리 감소에 크게 영향을 미쳤다. 문재인 정부 출범 초기인 2018년과 2019년 각각 16.4%와 10.9%의 급격한 최저 임금인상으로 최저임금 인상을 감당하기 어려운 자영업과 소상공인을 중심으로 폐업이 속출함에 따라 저소득 취약계층과 숙련도가 떨어지는 청년층에서 일자리 감소 폭**이 컸다.

결국 소득 주도 성장정책은 강력한 노조를 가진 임금수준이 상대적으로 높고 고용 사정이 안정된 대기업·공기업·금융회사 등 기득권층의 근로조건 향상에만 기여하고 취약계층과 청년층의 일자리를 뺏는 불평등한 결과를 가져왔다.

문재인 정부는 과도한 최저 임금인상의 후유증으로 그 후 2년은 각각 2.9%, 1.5% 최저임금 인상에 그쳤는데 박근혜 정부 기간 평균 최저임금 인상인 7%대에도 못 미치는 인상 폭이다. 결국 롤러코스트식 최저 임금인상 정책으로 국내 일자리 감소와 경제적 불평등만 심화시키는 결과를 초래했다. 최저임금 인상 폭과 함께 최저임금 수준도 일자리와 연관성이 크다. 프랑스의 경우 미국과 비교해 국민소득이 낮지만, 최저 임금수준은 30% 높다.

* 지난해(2022) 한전은 30조 원가량 적자를 냈는데 러시아의 우크라이나 침공 등에 따른 국제유가와 LNG 가격상승의 영향이 컸지만, 탈원전으로 인한 직간접 손실도 10조 원가량으로 추정된다. 향후 NDC 상향에 따른 한전의 추가적인 부담증대도 한전 적자의 주요 요인이 될 전망이다.

** 2018년 11.6만 개, 2019년 27만 7천 개 일자리가 감소되었다.

그 결과 프랑스의 경우 실업률, 특히 청년 실업률은 미국은 물론 한국보다도 매우 높다. 이와 함께 미국의 경우 주 정부별로 최저 임금 수준을 다르게 정할 수 있게 되어있는 반면 우리나라의 경우 지역의 경제 현실을 고려하지 않고 획일적으로 정하게 되어있어 불합리하다.

부동산 정책도 일자리에 많은 영향을 미친다. 역대 정부에서 SOC 투자와 건설경기 활성화를 통해 일자리 증대를 도모해왔다. 하지만 문재인 정부는 주택 정책으로 집값과 전셋값이 폭등하고 거래가 위축됨에 따라 주택 관련 산업에서 일자리가 많이 감소했다.

2-5. 민간의 좋은 일자리를 구축하는 정부의 공공 일자리 창출

대다수 경제학자의 연구 결과에 의하면 공공부문 일자리 확대가 민간의 일자리 창출을 구축한다고 한다. 대표적 사례로 소비에트 연방공화국 해체 후 구소련 및 동유럽 공산권 국가들의 경우, 공기업 민영화가 이루어져 노동생산성 향상과 이로 인한 생산 비용 절감, 이윤 확대로 투자가 늘고 일자리도 함께 늘었다는 연구 결과가 있다.

국내에서도 조세 연구원, 노동연구원 등이 공공형 일자리 확대가 민간 일자리 감소를 초래했다는 연구 결과를 발표한 바 있다. 하지만, 문재인 정부는 일자리 창출 방안으로 공무원 증원을 포함, 공공부문 일자리 창출 확대를 목표로 정부예산을 대폭 늘렸다. 고용노동부 자료에 의하면 재정지원 일자리 사업 규모는 2017년 16조 7900억 원에서 2021년 33조 6천억 원으로 거의 2배로 증가했다. 그 결과 정부부문의 상시근로자 수 증가율은 2012~16년 기간 동안 연평균 0.8% 증가에서 2016~2020년 기간 연평균 3.5%로 무려 4배 이상 증가했다.

공공부문 고용 증가의 대부분은 시간제 · 공공일자리 · 노인 · 비정규직 근로자로 문재인 정부 들어 약 520만 명이 급증*했지만 전일제 · 청년 근로자는 감소해 고용의 질이 급격히 악화한 것으로 나타났다. 주 40시간 이상 일하는 전일제 근로자 비율은 2016년 65%에서 2020년 58%로 하락한 반면 60세 이상 고용률은 동기간 39%에서 42%로 상승했다.

문재인 정부는 취임 초부터 일자리 창출 정부를 표방한 만큼 코로나19나 경제 상황 악화로 실업률이 증가하는 상황에 대응하기 위한 임시방편으로 공공부문 일자리 확대를 추진한 것으로 생각된다. 공공부문의 알바성 단기 일자리**는 정상적인 일자리로 보기 어려운데도 정부 고용통계에는 정식 일자리로 잡히는 점을 이용해서 고용률을 늘리기 위한 편법수단으로 활용한 것으로 비판받고 있다. 예를 들어, 정부가 2020년 발표한 고용률 60.1%에서 공공 단기 일자리 취업자(약 94만 명)를 제외하면 사실상 고용률은 58%에 그친다. 공공일자리의 상당수는 65세 이상 노인을 위한 단기 일

* 통계청 자료에 의하면 2017년 8월 657만 명이던 비정규직 근로자가 2021년 8월 806만 6천 명으로 약 150만 명 증가했다.

** 국립대 에너지 절약 도우미, 산림서비스 매니저, 5대강 지킴이, 교통안전 시설물 조사원, 전통시장 환경미화원 등

자리로 노인 복지 명목 일자리다.

우리나라 노인의 빈곤율이 OECD 국가 중 가장 높은 점을 고려하면 일면 이해가 간다. 공공일자리 정책의 가장 큰 문제는 민간의 일자리를 구축해 젊은 층의 일자리를 몰아내는 점이다. 예를 들어, 문재인 정부 들어 단기성 공공일자리 확대로 노인 일자리는 86만 9천 명 늘어 전 정부 증가 폭(31만 명)의 3배에 가까운 수준이나 청년 일자리는 오히려 2,000명 감소했다. (박근혜 정부는 19만 9천 명 청년 일자리 증가)

또한 문재인 대통령 정부 5년간 일자리 예산을 127조 원가량 투입했으나 주 40시간 이상 근로자는 2017년 2,084만 명에서 2020년 1,889만 명으로 200만 명 감소했다. 반면에 주 40시간 미만 단기 근로자는 213만 명 증가했다. 또한, 일자리 증가분의 절반 이상이 60세 이상 고령층이 차지했고 고용시장의 허리라 할 수 있는 30~40대 일자리 증가 비중은 역대 정부 중 최저를 기록했다.

문재인 정부는 5년간 공무원을 약 14.5만 명 증가시켰고 공기업 등 공공부문에도 큰 폭의 인력 증원을 허용하였는바, 공공부문의 인력 증원은 미래의 연금 부담 증대로 재정 건전성 악화를 초래할 수 있다. 또한, 파킨슨 법칙처럼 공무원 조직은 한번 늘어나면 계속 줄지 않고 오히려 규모나 규제를 키워 민간의 자율성과 활력을 억제하는 부작용을 유발한다.

흔히 정부의 역할과 관련 작은 정부와 큰 정부로 구분하고 있다. 미국의 경우 보수 성향인 공화당은 작은 정부를 지향하는 반면 진보 성향인 민주당은 큰 정부를 지향한다. 경제학자들도 케인즈 학파는 큰 정부의 적극적 역할을 주장하는 반면 밀튼 프리드먼 같은 신자유주의 학파는 작은 정부와 정부 간섭 배제를 주장한다. 하지만 여기서 큰 정부와 작은 정부의 구분은 기능적인 측면에서 정부의 역할을 강조한 것이다. 시장 실패나 복지, 사회 안전망, 경제위기 등에 얼마나 정부가 적극적인 역할에 나설 것인지의 판단이다. 큰 정부라고 해서 정부 공무원을 늘리거나 민간기업이 할 일을 공기업을 설립해서 하게 하는 것은 아니다.

공산주의나 사회주의 국가처럼 정부 주도의 경제를 운영하거나 민간의 경제활동을 통제할 경우 정부 부문의 조직이 비대할 수 있다. 하지만 자본주의 시장 경제체제를 운영하는 국가의 경우 큰 정부, 작은 정부에 관계없이 공공부문의 조직 확대는 민간경제의 활력과 일자리 창출을 저해하고 재정건전성 악화를 초래한다는 이유로 금기시하고 있다.*

* 2021년 기준 우리나라 공무원 인건비는 약 110조 원(국가 공무원 40조, 지방 공무원 70조)으로 정부예산(558조 원)과 시도예산(263조 원)을 합한 총예산 821조 원의 약 13%에 해당한다. 역대 정부의 공무원 증원을 보면 노무현 정부는 7만 1,177명, 이명박 정부는 1만 134명, 박근혜 정부는 3만 9,918명, 문재인 정부는 14만 5천 명으로 이명박 정부의 14배에 해당한다.

3.

좋은 일자리, 어떻게 늘릴 것인가

앞서 기술한 역대 정권에서 일자리 만들기에 실패한 원인을 반면교사로 삼으면 향후 좋은 일자리 만들기 정책의 큰 방향을 그릴 수 있다. 일자리 만들기의 가장 큰 걸림돌은 경제활동의 자유를 억압하는 규제와 반기업 정서, 가진 자의 기득권 사수, 저출산·고령화로 인한 생산 인구 감소 등이다.

국내 일자리를 늘리려면 경제가 지속적으로 성장해야 하는데 현재 우리가 처한 현실은 잠재 성장률이 지속적으로 하락하고 있고 저출산·고령화로 인한 인구절벽으로 미래 잠재 성장률 전망은 더욱 암울하다. 따라서 잠재 성장률 하락을 막기 위한 종합적인 장단기 대책이 바로 일자리 대책이다. 일자리 만들기는 범부처적인 과제로 종합적인 콘트롤 타워가 필요하고 대통령의 강력한 리더십을 필요로 한다. 또한 중장기적으로 저출산, 고령화 대책과 병행할 필요가 있다.

지난 정부에서도 집권 초기 청와대에 일자리수석까지 신설하고 대통령 집무실에 일자리 상황판까지 설치했지만, 잘못된 정책으로 용두사미 꼴이 되어버렸다. 하지만, 세계 어느 나라나 일자리 만들기가 대통령의 가장 중요한 역점 과제인 만큼 대통령 과제로 인식하고 대통령 직속의 『좋은일자리만들기위원회』를 신설하여 정례적으로 대통령이 추진상황을 점검 · 독려할 필요가 있다.

일자리 만들기 과제는 장단기 과제로 구분할 수 있는바 단기과제는 임기 내 실현을, 중장기과제는 임기 내 초석을 다진다는 각오로 추진할 필요가 있다.

① 단기과제

- 새로운 직업 및 업종에서 일자리 창출(뉴프런티어 정책)
- 규제 개혁(포지티브 규제→네거티브 규제)
- 노동 개혁
- 외자 유치(대통령의 세일즈 외교 포함)
- 지난 정부의 잘못된 정책* 개선
- 선진국형 서비스 산업 육성
- 자영업 구조 전환

*탈원전, 소득주도 성장, 공공일자리 정책

② 중장기 과제

- 산업 경쟁력 강화 대책
- 저출산 · 고령화로 인한 인구 절벽 해소
- 교육개혁
- 이민청 설립 등 외국인 인력 도입 및 관리대책

3-1. 뉴프런티어 정책으로 새로운 업종에 일자리 창출

미국은 한국보다 직업의 종류가 훨씬 다양하다. 직업의 종류가 한국보다 다양한 이유는 한국보다 규제가 적고 경제 · 사회 환경변화를 선도하는 신산업에 대한 투자나 창업이 활발하기 때문이다. 따라서 미국처럼 규제를 철폐해 직업선택의 자유를 확대하고 새로운 분야에 대한 창업을 적극적으로 지원할 경우 일자리가 늘어날 수 있다.

현재 한국의 경우 전통 제조업은 중국 등 후발 경쟁국의 추격에 밀려 해외로 공장을 이전하고 있고 서비스업도 음식 · 숙박 · 도소매 등 전통 서비스업에 몰려 도산 업체가 늘어나는 등 일자리 창출에 기여하지 못하고 있다. 이런 고용상황에서 좋은 일자리를 창출할 수 있는 돌파구는 새로운 산업이나 직업에서 일자리 창출을 유도할 수 있는 소위 '뉴 프런티어 정책'이다.

[뉴 프런티어 정책의 주요 골자]

① 정부는 매년 새로운 유망 업종 · 직업을 선정하고 지원 계획을 발표.

- 새로운 유망 업종에 대한 창업 및 취업지원 방안
- 새로운 유망 업종 · 직업 선정을 위한 정부 합동 실태조사단 구성(재정부 총괄, 고용 노동부 · 중소벤처부 공동 간사)
- 기초 지방 자치 단체와 협력을 통한 지원체계 확립

② 매년 유망 업종에서 20만개 신규 일자리 창출 목표

〈산출 근거: 예시〉

- 매년 유망 업종(직업) 20개 지정
- 인구 만 명 당 유망 업종에 1개 창업 유도(5,000개)
- 1개 창업 당 평균 2개 일자리 창출

③ 유망 업종 창업 시 정부 지원 방안

- 창업 시 은행에서 창업자금 대출 지원(최대 5천만 원 한도)
- 은행 창업 대출에 대한 보증 지원(대출금의 90% 이상 보증 지원)
- 10만 개 창업 가정 시 연간 최대 5조 보증 지원*

④ 기존 업종에서 유망 업종으로 업종 전환 시 지원

- 업종 전환 자금 1인당 최대 2천만 원 지원
- 기존 업종의 대출금 업종 전환 후 2년간 만기 연장 지원

⑤ 유망 업종 창업 컨설팅 및 직업교육훈련 지원

- 창업컨설팅 무료 지원
- 직업교육훈련비 지원(1인당 50만 원)

▶ 기대 효과 ◀

- 5년간 100만 개 신규 일자리 창출

* 매년 보증 기금에 최대 5천억 원 재정 출연(10배수로 출연 가정)

- 창업 국가 육성 통한 청년층 일자리 창출
- 코로나19 및 레드오션으로 도산 위기에 처한 자영업 구조 전환
- 문재인 정부의 공공부문 단기 일자리 정책보다 예산은 적게 들면서 지속 가능한 좋은 민간 일자리 창출**

⑦ 소요 예산 추정(연간 20만 개 일자리 창출 시, 연 7천억 원)

- 보증 지원을 위한 출연(연 5천억 원)
- 직업교육훈련비(연간 1천억 원)
- 직업훈련기관 지원 및 창업 컨설팅 지원(연간 1천억 원)

3-2. 이스라엘식 창업 국가 만들기

'스타트업 공화국, 창업 국가 만들기'

우리나라가 처한 복합적 일자리 위기 상황에서 돌파구를 찾는 해법으로 이스라엘식 창업 국가를 벤치마킹하는 방안을 생각해볼 수 있다. 이스라엘의 경우 우리나라와 비슷하게 부존자원이 없고 국토 면적이 협소(우리나라 경상남북도 합친 규모)하며 팔레스타인 등 주변 중동국과 분쟁 및 전쟁 위험에 둘러싸여 있다.

하지만 이스라엘은 창업 국가 선포 이후 세계적인 혁신 스타트업 국가로

** 공공 일자리 예산(2017년 1조 4,485억 원, 2018년 1조 9,068억 원)

성장해 GDP 대비 R&D 투자 비중이 세계 1위를 차지하고 미국 나스닥에 상장된 이스라엘 기업 수만도 100여 개로 미국, 중국 다음으로 많다. 이스라엘의 창업 국가 성공비결은 정부와 대학 · 기업 간의 유기적인 협력 생태계 조성에 기인한다.

우선, 정부는 혁신청을 설립해 기술 혁신과 스타트업 육성, 신기술 상업화를 체계적으로 지원한다. 혁신청 내 수백 명의 분야별 전문가를 두고 분야별로 지원을 요청하는 스타트업을 평가하고 필요시 규제 완화와 함께 체계적인 지원을 담당한다. 대학은 스타트업 산실의 요람으로 대학기술지주회사를 설립해서 대학과 연구소가 개발한 기술의 산업화를 추진하고 있다. 이스라엘이 400개 이상 달하는 다국적 기업의 연구개발센터를 유치한 것도 우수한 기술인재와 혁신을 지향하는 창업생태계에 있다.

우리나라도 과거 정부에서 미국의 실리콘 밸리식 벤처 창업 생태계와 이스라엘식 창업 국가 생태계를 도입하려고 노력했지만, 기대만큼 성과를 거두지 못했다. 현재 중소벤처기업부를 중심으로 중소 · 벤처 창업 육성을 추진하고 있으나 예산 · 인력 면에서 제약이 있는 만큼 이스라엘처럼 대통령실의 적극적인 지원으로 범국가적인 혁신 창업 국가육성계획을 마련 추진할 필요가 있다.

또한 이스라엘처럼 중소벤처기업부 내 창업을 지원하는 전담부서를 확대 개편하여 창업을 체계적으로 지원토록하고, 대학기술지주회사 설립이 추진되도록 지원할 필요가 있다. 또한, 청년들의 혁신 산업에 대한 벤처창업이 활성화되려면 정부 · 지자체 · 금융회사 · 대기업 · 대학 간의 상생의 생태계 조성도 중요하다. 창업 – 투자 – 성장 – 회수 – 재도전의 선순환 구조가 마련되게 각 단계별로 자금조달이 원활히 이루어지도록 지원할 필요가 있다.

현재, 중소벤처기업부에서는 10개 신산업 분야에 대한 스타트업 육성을 위해 '초격차 초기 창업 기업 1000+ 프로젝트'를 추진하고 있는바, 지원 대상 기업으로 선정되면 각종 정책 자금과 함께 마케팅 · 홍보 · 투자유치 등 기업 성장에 필요한 전 과정에 대한 정부 지원을 받게 된다.

3-3. 선진국형 서비스 산업을 키우자

글로벌 경제는 분업 시대를 맞아 선진국은 상품의 개발 · 설계 · 디자인 · 판매 등 기술과 서비스 분야를 전담하고 제품의 생산은 개도국이 담당하고 있다. 예를 들어, 나이키 신발의 경우 미국 본사는 디자인, 광고, 마케팅 등 고부가가치의 지식 서비스 분야를, 단순 가공은 중국 · 베트남 등 개도국이 전담하고 있다. 이처럼 글로벌 분업추세가 확산할 경우 한국과 같은 제조업 중심국가는 선진국과 개도국 사이에 샌드위치 신세로 전락할 가능성이 크다.
특히, 앞으로 4차 산업혁명으로 자율주행, 로봇생산, 원격진료, 스마트 팜 등의 보급이 확산할 경우 이들 산업에 탑재되는 고부가가치 일자리인 AI 기반 소프트웨어 등 지식 기반 서비스 분야는 선진국의 몫이 될 전망이다.

우리나라의 경우 산업구조가 수출 중심의 제조업 위주로 되어있고 서비스 산업은 아직 선진국에 비해 경쟁력이 취약하고 음식 · 숙박 · 도소매업종 등에 지나치게 쏠림현상이 심하다. 서비스업의 경우 일반적으로 제조업에 비해 투입 단위당 고용 유발효과가 2배나 크고 부가가치율도 훨씬 높다.

이런 이유로 미국 · 영국 등 선진국의 경우 오래전부터 제조업 생산 공장은 개도국으로 이전시키고 부가가치가 높은 지식 서비스 산업* 위주로 일자리 창출을 육성해 왔다. 특히, 저출산 · 고령화, 국민소득 증가로 인한 소비추세 변화, 4차 산업혁명, 기후환경 변화에 관한 관심 증대는 새로운 서비스 산업 분야에 대한 수요를 폭발적으로 증대시키고 있다. 이에 따라 의료, 관광, 문화예술 콘텐츠, 보건, 교육, 금융, 환경, SW, 물류 등이 향후 유망한 서비스산업으로 부각되고 있다.

우리나라의 경우 국민소득이 3만 5천 달러에 달하고 저출산 · 고령화가 세계에서 가장 빠른 속도로 진행되고 있으며 삶의 질과 건강, 환경에 관한 관심이 높아지고 있어 제조업 중심의 산업구조만으로는 경제성장과 일자리 창출, 삶의 질 향상에 한계에 직면할 수밖에 없다. 따라서 선진국형 지식 서비스산업과 고령화 · 기후변화 등 대내외 환경변화에 따른 신성장 서비스산업에 대한 전략적 육성 계획을 수립하여 지원할 필요가 있다.

* 영국의 경우 지식 서비스 산업 육성 전략으로 2008년 글로벌 금융위기 전까지 10년간 제조업에서 100만 개의 일자리가 사라졌지만 그만큼 금융과 지식 서비스 분야에서 새로운 일자리를 창출했다.

선진국형 10대 신성장 유망 서비스산업	① AI · 빅데이터 등 SW산업 ② 한류 문화를 활용한 문화예술 · 콘텐츠 산업 ③ 헬스케어 등 건강관리 산업 ④ 보건 · 의료산업 ⑤ 노인 돌봄 · 요양산업 ⑥ 영 · 유아 보육 산업 및 교육산업 ⑦ 관광 산업 ⑧ 금융업 ⑨ 물류업 ⑩ 환경 관련 산업

「선진국형 서비스업 육성 전략」도 앞서 언급한 「뉴프런티어 정책」과 함께 대통령 직속 「좋은일자리만들기위원회」의 과제로 추진해나가는 것이 효과적이라고 본다. 서비스업 육성을 위해서는 현재의 수출 제조업 위주의 각종 세제 · 금융 등 지원정책을 서비스업도 균등하게 지원되도록 개편해야 한다. 또한, 원격진료나 영리 의료법인 문제와 같이 그동안 합리적인 이유 없이 기득권층 반발로 불허되어온 문제들에 대한 재검토가 이루어져야 할 것이다. 국회도 10년 넘게 여야 간 정쟁으로 통과시키지 못한 서비스산업 선진화 관련 법률을 조속히 통과시키길 바란다.

일본의 경우 제조업 중심의 수출산업으로 한때 세계 2위의 경제대국으로 부상했으나, 제조업 발전을 견인하는 서비스 산업의 선진화 실패와 거품경제 붕괴로 경제가 장기침체의 길로 접어든 사례를 타산지석으로 삼아야 할 것이다.

3-4. 레드오션에 빠진 자영업 구조 전환 지원

한국경제에서 시급히 해결돼야 할 문제 중 하나가 자영업 문제다. 자영업자 수는 2022년 8월 기준으로 569만 명으로 전체 경제활동인구 2,841만 명의 약 20%에 해당한다. 이중 종업원이 없는 1인 자영업자 수는 약 433만 6천 명으로 77%에 달한다.*

우리나라 자영업 비중은 OECD 회원국 38개국 중 6번째로 높은데 우리보다 높은 국가는 콜롬비아, 맥시코, 그리스, 터키, 코스타리카로 멕시코를 제외하면 제대로 된 산업이 없는 나라들이다.

우리나라 자영업 비중은 일본보다 2배나 높고 미국보다 4배가량 높다. 더욱 심각한 문제는 자영업이 음식 · 숙박 · 도소매 등 특정 업종에 과도하게 몰려(전체 자영업의 절반 이상 수준) 있다는 점이다. 이런 구조로 인해 우리나라 자영업의 생존율이 낮고 잦은 도산 · 폐업으로 가계부채 증가의 주요 원인으로 작용하고 있다.**

또한, 퇴직 후 노후 대책으로 자영업을 영위하는 비중이 높아 50대가 28.4%, 60대 이상이 33.4%를 차지한 반면 20~30대 자영업 비중은 15% 미만에 불과하다.

* 무급가족 종사자(약 99만 6천 명)까지 포함한 비임금 근로자 수는 약 668만 명으로 전체 경제활동 인구의 24.4%를 차지한다.

**신생 자영업 5년 후 생존율(도소매 27.9%, 요식업 20.5%)

2022년 9월 말 기준 국내 가계 신용 규모는 1,870조 원이며 이중 자영업자 대출은 1,014조 2천억 원으로 54%를 차지한다. 우리나라 대표 자영업인 음식 · 숙박 · 도소매업의 경우 지난 몇 년간 코로나19로 인해 영업에 심각한 타격을 받았다. 현재 자영업 등 소상공인 대출의 경우 코로나19 상황을 감안 대출상환을 계속 유예해주고 있으나 최근 가파른 금리 상승과 향후 대출 상환 유예가 종료될 때 자영업자 대출의 상당*부분이 부실화될 우려가 있다. 따라서 경제활동인구에서 과도하게 차지하는 자영업 비중 특히, 특정 업종에 쏠린 자영업 비중을 줄이는 자영업 구조 전환 대책을 신속히 추진할 필요가 있다.

<자영업 구조 전환 대책>

① 자영업 경쟁지도 작성

기초지방자치단체별로 해당 지역의 자영업 경영실태 조사**를 바탕으로 「자영업의 경쟁지도」를 작성

② 자영업 창업 및 업종 전환 컨설팅 지원

「자영업 경쟁 지도」를 바탕으로 과당 경쟁 소지가 있는 업종에 대한 창업 자제를 유도하고 신규 유망업종으로 창업이나 업종 전환을 희망하는 자영업자에 대해서는 컨설팅 지원.***

* 한은 추정 결과 자영업 대출 부실 위험 규모는 최대 39조 2천억 원.
** 자영업실태 조사는 통계청과 협조하에 해당 지자체가 조사.
*** 자영업 창업 시 애로점을 조사한 자료에 의하면 사업정보 경영 노하우 습득이 25.6%, 사업자금 조달이 24.7%, 판매선 확보 및 홍보가 24.2%를 차지하고 있다.

③ 유망 신규 서비스업 지정 및 지원

중앙정부 차원(기재부)에서 유망 신규서비스업을 지정하고 창업 및 유망 신규서비스업으로 업종 전환 시 대출 보증 지원

④ 자영업 지원 체계

- 중앙정부는 유망 신규서비스업 지정, 창업 및 업종 전환을 위한 컨설팅 지원 방안 수립, 유망 신규서비스업 창업 및 업종 전환 시 지원 방안 수립 및 보증 지원
- 지방정부는 기초단체별로 (시 · 군 · 구) 경쟁지도, 컨설팅 및 지원 방안 담당 부서 운영

3-5. 떠나가는 외국인 직접투자를 되돌리자

외국인 직접투자는 현재 국내 수출의 17.9%, 고용의 5.4%를 차지하는 등 우리 경제 성장과 고용에 중요한 역할을 하고 있다. 하지만, 외국인 직접투자FDI는 지속적으로 감소하고 있는 반면 국내 기업들의 해외 직접투자ODI는 계속 증가하고 있다.

순 FDI 비율(FDI-ODI/GDP) 추이(전경련)

구분	'05~'09년	'10~'14년	'15~'19년
한국	△0.9%	△1.5%	△1,7%
G5	△1.1%	△0.7%	△0.3%

최근 미국 등 선진국을 중심으로 자국 내 일자리 창출을 위해 보호무역주의 움직임이 나타나고 있으며 각국이 외국인 직접 투자유치를 위한 각종 유인책을 강화하고 있다. 특히, 그동안 외국인 투자에 소극적인 태도를 보여 온 일본이 아베 정권 당시인 2014년부터 총리 직속 FDI 전담 기구를 설치해 외국인 투자환경 개선에 총력을 기울인 결과 구체적인 성과가 최근에 나타나고 있다.
반면, 한국의 경우 문재인 정부 기간 중 법인세율 인상과 외국인 투자 기업에 대한 법인세 감면 폐지, 근로 시간 단축과 급격한 최저 임금인상 등으로 외국인 직접투자 환경이 급속히 악화하고 있다. 우리나라는 외국인 투자 유치면에서 장점이 많은 나라다. 고급 인력이 많고 제조업 중심으로 산업의 기반이 균형 있게 발달되어 있다.

또한, 미래 첨단산업인 전기차 배터리, 바이오, 반도체 등에 있어서도 외국인 투자를 유인할 만한 기술력을 갖춘 기업들이 많다. 또한 K-Pop · 드라마 · 영화 등 문화 · 예술 콘텐츠 면에서도 세계적인 영향력을 넓혀가고 있으며 우수한 IT 인프라를 갖고 있다. 지정학적인 투자환경 면에서 미 · 중 간 갈등, 중국의 대만 무력 통일 기도, 홍콩 외국자본의 해외 탈출러시 등을 한국이 잘 활용하면 외국인 투자유치에 긍정적 측면으로 작용할 수 있다.

따라서 우리나라도 일본이나 미국처럼 대통령이 직접 나서서 외자 유치를 적극적으로 추진해 나갈 필요가 있다. 외국인 투자유치를 위해서는 범정부적 협력과 투자환경 개선이 필요하다. 우선, 경쟁 상대국과 외국인 투자환경을 비교 분석하여 불리한 여건을 개선해 나가고 지자체의 외국인 투자유치 사업을 중앙 정부가 적극적으로 지원할 수 있는 지원체계를 정비할 필요가 있다.

현재, 외국인 투자유치에 가장 큰 걸림돌이 글로벌 스탠더드에 맞지 않는 국내 규제와 노동시장의 유연성 저하다. 이 부분도 글로벌 스탠더드에 맞게 개선해 나가야 할 것이다. 또한, 조세 면에서도 경쟁국에 비해 지나치게 높은 법인세율을 경쟁국 수준으로 인하하고, 투자 유인을 위한 세금 등 각종 유인책을 모색할 필요가 있다. 윤석열 정부 출범 이후 외자 유치에 대통령이 적극적으로 나서고 있는데 지난해 나토 정상회의 순방 기간 중 체코에서는 원전 수출을 폴란드에서는 자주포 등 방산 수출을 적극적으로 세일즈해서 외자 유치에 긍정적인 성과를 보였다.

지난해 11월 빈살만 사우디 왕세자 방한 때는 사우디와 네옴시티 건설 등을 위한 300억 달러 투자 협약을 체결했고 이후 사우디 국부 펀드는 카카오 엔터테인먼트와 1.2조 원의 투자 계약을 체결하는 등 후속성과를 거두었다.

또한 금년 1월 UAE 방문 때 UAE로부터 300억 달러에 달하는 투자유치 약속을 확약받았고 원전, 방산, 에너지 등 분야에서 13건의 양해 각서를 체결했다. 사우디와 UAE로부터 600억 달러 외자 유치는 제2의 중동 붐을 기대할 만큼 최근 수출 여건악화와 글로벌 성장 둔화로 복합경제위기를 맞고 있는 우리에게 한 줄기 빛과 같이 성장 둔화를 극복할 수 있는 돌파구가 될 것으로 기대된다.

윤 대통령은 외국인 투자유치를 위해 글로벌 스탠더드에 맞게 국내 제도를 개선하고 법인 세율 인하 등 국내 투자환경을 경쟁국에 비해 개선토록 내각에 지시한 바 있다.

3-6. 창의적인 혁신형 인재 육성을 위한 교육 개혁

우리나라 청년 실업문제는 경기변동 측면보다 구조적인 측면에 주로 기인하고 있다. 따라서 경기부양과 같은 단기적인 대증요법으로는 해결이 어렵고 중장기적인 대책을 세워 꾸준히 추진해야 해결할 수 있다.

현재 고용시장에서는 청년들이 가고 싶어 하는 일자리는 제한되어 있는 반면 기업들이 필요로 하는 인력은 적기에 공급이 이루어지지 않고 있다. 소위 인력시장에서 수요와 공급의 미스매치(불일치)가 나타나고 있다. 미스매치의 가장 큰 원인 제공은 현행 교육시스템에 있다. 그동안 대학은 산업계가 필요로 하는 인력 수요에 아랑곳하지 않고 대학의 필요에 따라 4년제 대학 졸업생을 양산해왔다.

그 결과 기업이 요구하는 이공분야나 소프트웨어 등 신산업 분야의 인력은 양이나 질적인 면에서 심각한 부족 현상을 보이고 있고 중소기업도 산업현장에 필요한 기능 인력이 절대적으로 부족한 실정이다. 앞으로 정부가 청년 일자리 문제해결을 위해 신산업과 유망 서비스업에 대한 벤처투자와 창업을 적극적으로 유도하기 위해서는 이를 뒷받침 할 수 있는 교육개혁이 필요하다. 교육개혁은 그동안 교육계의 기득권 사수와 전교조와 같은 이념 성향 단체의 저항으로 제대로 이루어지지 못했다. 따라서 차제에 대통령 직속 '좋은일자리만들기위원회' 내에 교육개혁분과위를 구성해서 교육개혁을 강력히 추진할 필요가 있다.

<일자리 창출과 관련한 교육 개혁 추진 방안>

① 산업계가 필요로 하는 인력 공급 위주로 학과 증설
- 초·중·고에 디지털 교육 의무화
- 소프트웨어, 금융 등 수요가 많은 학과 신설 및 증원 허용
- 반면, 수요 감소가 예상되는 분야는 학과 폐지 및 인원 감소

② 과학기술 인재 육성 지원
- 모든 산업의 기초가 되는 기초과학 인재 육성
- 우주과학 등 미래 과학 기술인재 양성

③ 4년제 대학 인력 감축* 및 2년제 전문직업 인력양성 확대
- 생산 현장에 필요한 기능 인력이나 신산업창업 또는 유망서비스업에 필요한 전문직 인력공급을 신속히 하기 위해서는 2년제 전문직업 대학 육성 필요

④ 대학별 특성화**를 유도하여 집중지원
- 모든 대학이 붕어빵식 인력을 배출하기보다 대학별 특정 분야를

* 4년제 대학은 비용이 과다하고 채용시장의 미스매치의 주요인이다.
** 예를 들면 대구 경북대는 의료, 바이오 분야를 특성화로 지정하고 의료, 바이오 기업들과 기술·고용 관련 산학협력 협약체결.

1~2개 지정토록 하고 정부에서 정책적 지원(인원 증원 및 예산지원)

- 특성화 분야는 정부 · 지자체 지원은 물론 산업계와 연관하여 산학 협력을 모색

⑤ 이스라엘처럼 대학기술지주회사 설립을 통해 대학과 대학 부설 연구소가 개발한 기술의 상업화를 추진*

⑥ 저출산으로 인해 향후 증가하는 유휴 학교시설 활용

- 향후 늘어나는 초 · 중 · 고 · 대학 유휴시설을 지역주민을 위한 평생교육이나 창업 교육, 직업훈련 기관으로 활용하는 방안 강구
- 한국미래 직업교육원(각 시도에 지부) 신설 및 유휴 학교 부지 활용

⑦ 교육개혁을 위해서는 교육 예산에 대한 전면적인 개혁 필요

- 교육개혁 방향에 맞게 기존의 교육예산**을 제로 베이스 차원에서 전면 손질 필요

3-7. 노동 개혁은 청년 일자리를 위한 필수 과제

좋은 일자리 늘리기에 가장 큰 제약요인이 노동시장의 경직성과 노조의 불법적인 파업 관행이다. 근로자들의 단결권과 단체교섭권, 단체행동권 등 근로 3권은 헌법상 보장된 권리이나 단체행동의 주체나 목적, 절차, 방법이

* 미국의 경우 실리콘밸리가 인접한 스탠퍼드대 졸업생의 약 30%가 창업을 경험했고 이들이 창업한 회사만도 수만 개로 수백만 개의 일자리를 창출.

** 2021년 교육 관련 지출액은 약 100조 원에 달하는데 교육부 예산(공교육 예산***) 약 76조 원과 사교육비 23조를 포함.

*** 우리나라 학생 1인당 공교육 지출액은 OECD 평균보다 31% 높은바, 지방 교육 재정교부금법으로 인해 매년 내국세의 20.79%가 자동으로 배정되기 때문이다.

모두 적법해야 한다. 그런데 민노총 등 상급 단체 주도하에 지난 수년간 진행된 파업 · 농성의 상당수가 불법파업이고 근로조건 향상과 관계없는 '국가보안법 폐지'나 '정권 타도'와 같은 정치적 구호까지 난무하고 있다. 심지어 노조 파업에 동참하지 않는 노조원이나 비노조원에게 생명과 신체에 위험을 줄 수 있는 폭력도 발생하고 있다.

최근 언론보도로는 2018~2022년 동안 사업장의 불법점거 농성으로 발생한 피해액은 4조 9,760억 원에 달했지만 최근 5년간 노조를 상대로 한 손해배상청구 금액은 약 950억 원에 불과하고 그나마 법원이 인용한 금액은 5억 2천만에 불과해 피해 금액의 0.01% 수준밖에 되지 않는다. 이처럼 노조의 불법 점검 농성에 대한 정부 대응이나 법적제재가 미흡하다 보니 노조의 불법파업이 일상화되고 기업 입장에서는 손해를 줄이기 위해 노조의 불법파업과 타협하는 나쁜 관행이 정착되어 있다.

대표적인 사례가 건설 현장의 불법 노사 관행이다. 최근 국토교통부가 관계부처 · 기관과 건설 현장의 불법 · 부당행위에 대한 실태조사를 한 결과 타워크레인 기사들이 월례비를 요구하고 노조가 조합원 채용 강요, 전임비 강요 등 각종 불법행위가 적발되었다. 이에 따라 정부에서는 불법적인 관행에서 건설근로자를 보호하기 위해 건설 현장의 불법 부당행위에 대한 근절대책을 마련할 계획이다.

윤석열 대통령은 금년도 고용노동부 업무보고에서 "노동 개혁의 출발점은 노조 회계 투명성"이며 "국민 혈세인 수천억 원의 정부지원금을 사용하면서 사용내용공개를 거부하는 노조에 대해서 단호한 조처를 할 수밖에 없다."라고 했다.

노동조합법은 노조가 재정 장부를 비치해 회계 결산을 공표하고 행정관청에 보고를 의무화하고 있으나 그동안 민노총과 한노총 등 거대 노조들이 조합원들에게 걷는 조합비와 정부와 지자체로부터 각종 명목으로 지원받는 돈을 어디에 어떻게 썼는지 제대로 공개한 적이 없다.

최근 정부가 대형노조 327곳에 회계자료 제출을 요구하자 207곳이 겉표지만 내거나 제출을 거부했고 양대 노총은 산하 노조에 제출을 거부하라는 지침까지 내렸다.
미국 · 영국 등 외국에서는 노조의 수입 · 지출, 자산명세를 공개하고 외부감사도 받는다. 노동조합이 법에 명시된 가장 기본적인 투명성 의무조차 지키지 않는 것은 조합원에 대한 성실의무 위반이자 정부나 지자체가 지원한 지원금의 투명한 사용에 대한 보고의무 위반이다.

노동조합이 이처럼 법에 명시된 회계 투명성 의무를 위반하고 각종 불법파업과 농성을 일삼고 있는데도 야당은 최근 '노란봉투법'으로 불리는 노동조합법 개정안을 정부와 여당, 경제단체들의 반대에도 불구하고 국회 환경노동위원회에서 강행 처리했다.

노란봉투법은 노조의 파업 범위를 대폭 넓히고 파업으로 인한 기업의 손해배상소송을 어렵게 만드는 내용을 담고 있다. 이 법이 통과되면 노사현장에서 불법파업이 더욱 증가하게 되고 기업의 생산과 투자가 위축될 수밖에 없어 국내기업과 외국인 투자가들이 한국을 떠나게 되는 결정적인 단초를 제공하게 될 것으로 생각된다. 이런 상황에서 국회 본회의에서 법안처리가 강행된다면 대통령의 거부권행사는 불가피할 것으로 생각된다.

외국의 노동 개혁 성공 사례

우리나라보다 일찍 강성노조의 불법파업으로 인해 경제가 골병을 앓았던 영국이나 프랑스, 네덜란드, 독일 등 유럽 각국도 노조개혁을 통해 만성적인 경제병을 탈출했다.

영국 대처 총리*의 경우 1984년 광산노조가 벌인 363일간의 장기 파업에 법과 원칙으로 일관함으로써 노조의 장기간 불법파업을 물리쳐 '철의 여인'이란 별명을 얻게 되었다. 프랑스도 마크롱 대통령 취임 후 2017년부터 2019년까지 노동시장의 유연성 제고와 노동시장의 이중구조 해소를 위한 노동 개혁을 본격 추진해 당시 높은 실업률에 시달리던 프랑스는 고용률과 성장률이 상승했고 노동 개혁 성공으로 마크롱 대통령은 재선에 성공하였다. 프랑스도 당시 '노란 조끼 시위'가 장기화되는 등 노조의 거센 반발로 임기 내내 곤욕을 치렀지만 대국민 토론회 등 국민에게 노동 개혁을 설득하면서 위기를 돌파했다.

독일도 슈뢰더 총리 집권 당시인 2003~2005년 하르츠 개혁**을 단행

* 대처 총리 당시 동정파업과 노동조합원만 채용하는 '클로즈드 숍'조항을 불법화한 것이 대표적 불법파업 관행 척결 사례다.

** 해고제한법 적용 제외 사업장 확대, 파견기한 상한 폐지 등.

해 노동시장의 유연화를 이루어 고용률 상승과 실업률 하락에 성공했다.

네덜란드도 루버스 정부(1982~1994년) 때 시간제 고용 확대, 최저임금 동결 등을 노사정 합의를 통해 추진했고 빔콕 정부(1994~2002년) 때는 해고 예고기간 단축과 파견사업 허가제를 폐지하는 등 노동시장 유연성 제고 정책의 지속 추진으로 청년과 여성의 고용률이 상승하고 실업률이 크게 하락했다.
이처럼 외국의 성공적인 노동 개혁 사례의 핵심 요인은 불법파업 관행에 대한 법과 원칙 준수와 대국민 설득과 노사정 타협을 통해 노동시장의 유연성 제고를 위한 제도개혁을 꾸준히 추진해왔다는 점이다.

우리나라의 경우 현재와 같이 산업현장에 불법파업 · 농성이 만연하고 노동시장의 경직성이 심화된 상황에서는 기업들이 더 이상 국내에 투자를 유치하기 어려워 좋은 일자리를 만들기가 어렵다. 따라서 노동 개혁은 한국경제의 도약과 좋은 일자리 창출을 위한 시급한 당면과제이다.

국가 경쟁력을 평가하는 WEFA 등 각종 기관에서 하나같이 우리나라의 가장 취약하고 낙후된 분야를 노사관계와 노동시장 분야로 지적하고 있다. 노동 분야는 조사대상국 중 항상 최하위를 도맡아 전체 국가경쟁력 향상의 발목을 잡고 있다.

특히, 지난 정부 5년간 친노동 성향 정책과 불법파업에 대한 관용으로 파업이 일상화되고 지나치게 폭력 · 불법으로 치달아 '파업 공화국'이란 오명을 받을 상황에 이르렀다. 대표적인 사례가 지난 화물연대 파업 당시 비노조원을 향해 새총으로 쇠구슬을 쏘아 부상을 입히는 등 파업 불참자를 폭행하는 사례나 최고경영자를 사무실에 가두고 폭행하고 재물을 손괴하는 사례이다.

노동조합 간부들이 조합원 자녀의 고용세습을 사업자에게 요구하고, 현장에 상주 하지 않는 조합 간부들에게 월 수백만 원씩 지급을 강요하고, 뒷돈을 받고 채용하는 사례도 적발됨에 따라 노동조합이 기득권화된 권력집단처럼 국민에게 비치게 되었다. 이러한 노조의 폭력적인 불법파업과 노조 간부들의 내로남불 행태로 인해 노동운동에 대한 국민 여론도 점차 악화하고 있어 최근 윤석열 정부의 노동 개혁에 대한 국민의 지지가 높게 나타나고 있다.

집권 2년 차에 접어든 윤석열 정부는 노동 개혁을 국정 동력을 회복할 주요 국정 과제로 추진하고 있다. 하지만, 거대 야당을 비롯한 노동 관련 단체들의 반발이 거세 성공을 장담하기 어렵다. 고무적인 것은 노동 개혁에 대한 국민적 지지여론이 높고 특히, 젊은 층을 중심으로 노동운동의 불법·폭력성과 정치 지향성에 대한 거부감이 크다는 점이다.

노동 개혁의 추진은 크게 2단계로 나누어 볼 수 있는데 1단계는 법과 원칙의 준수와 엄정한 법 집행을 통해 불법·폭력파업의 악순환 고리를 끊고 건전한 노동운동을 정착시키는 단계이다. 2단계는 노동 관련 제도를 개선해서 경직된 국내 노동시장의 유연성을 제고하고 4차 산업혁명 등으로 인한 플랫폼 노동자 증가 등 새로운 노동행태에 맞게 노동 관련 규제를 개선하는 단계이다.

노동 개혁에 있어 정부와 정치권은 항상 중립적이고 균형적인 자세를 견지해야 성공할 수 있다. 노동 개혁의 목표는 일부 근로자만을 위한 개혁이 아니라 모든 근로자를 위한 개혁에 있다. 특히, 우리나라처럼 노동시장의 이중구조가 심한 노동시장에서 노동자 간에 평평한 운동장을 조성하고 노조와 사업자 간에도 대등한 공존 관계를 만드는 것이 노동 개혁의 최종 목표가 되어야 할 것이다.

[5]
경제 안정

1.

경제 안정은 국민 행복에 가장 필수적인 요소

의식주 문제해결은 인간의 기본적 삶의 영위에 가장 핵심적인 요소이다. 의식주 문제가 해결되지 못할 때 인간은 가장 큰 고통을 느끼게 되고 생존의 위협을 받게 된다. 따라서 국가의 기본적인 책무는 국민의 의식주 문제를 해결해주는 데 있다. 의식주 문제와 관련해서 현대 사회에서 국가의 책무는 크게 3가지다.

첫 번째가 물가안정이다.

인플레이션으로 인해 물가가 천정부지로 뛰고 화폐가치가 하락한다면 국민이 생활에 필요한 물품을 원하는 만큼 구입할 수 없을 것이다. 이런 이유로 인플레이션을 '고지서 없는 세금'에 비유하기도 한다. 특히, 국민의 기본적인 생활에 필요한 식료품이나 주거 광열비, 의료비 등의 가격이 상승하면 원하는 만큼 구입할 수 없어 국민의 경제 고통 지수가 커질 수 있다. 특히, 인플레이션으로 물가가 상승하면 소득 중 생필품 지출 비중이 높은(엥겔지수가 높은) 서민층의 고통이 더 커지게 된다.

둘째는 주거 안정이다.

인류가 유목사회에서 농경사회로 바뀌면서 주거 문제는 인간의 삶에 필수적인 문제가 되었다. 특히, 산업화로 인해 도시화가 진전되면서 대도시에 인구가 밀집되어 주택문제 해결이 국가가 해결해야 할 가장 어려운 과제로 떠오르고 있다. 인간은 누구나 교통 여건과 교육여건, 상권 등 주변 인프라가 갖춰져 있고 거주환경이 양호한 곳에 살고 싶어 한다. 또한 오래된 낡은 주택보다 새집을 선호한다. 따라서 국가는 이러한 국민의 주거행복권을 충족시켜줄 의무가 있다.

셋째, 경제위기 예방과 극복이다.

시장경제 체제에서 경기 변동은 계절이 변화하듯이 주기적으로 찾아온다. 경기 변동은 전쟁과 같은 특별한 요인이나 기상이변과 같은 재난, 경제주체들의 예측 실패, 국가의 잘못된 재정·통화정책 등이 있을 때 변동 폭이 증대된다. 국가의 책무는 사전 대응조치를 통해 경기 변동의 폭을 최소화하고 변동 폭 증대로 경제위기가 발생했을 때 신속히 위기를 극복하는 데 있다. 과거 미국의 대공황이나 2008년 글로벌 금융위기, 그리고 한국의 '97년 외환위기 같은 경제위기가 발생하면 많은 국민이 극심한 경제적 고통을 겪게 된다.

또한, 정치지도자들의 잘못으로 극심한 인플레이션이 초래되거나 국가부도 사태가 발생할 때도 국민이 경제적 고통을 겪게 된다. 경제안정이 국민의 행복에 얼마나 영향을 미치는지는 매년 UN이 발표한 국가별 국민행복지수 순위를 보면 알 수 있다. 국민의 기본적인 의식주 해결도 어려운 아프리카의 극빈 국가나 경제정책 실패로 화폐가치가 폭락하고 물가가 천정부지로 치솟는 아르헨티나, 베네수엘라와 같은 남미국가, 스리랑카와 같이 외환위기로 국민이 경제적 고통을 겪고 있는 국가들의 경우 모두 UN이 발표한 국민행복지수가 최하위이거나 순위가 크게 하락했다.

2.

물가 안정 없이 서민 보호도 없다

한 국가의 물가 안정에는 여러 가지 대내외 요인들이 영향을 미칠 수 있다. 특히, 우리나라처럼 무역 의존도가 높고 에너지 등 원자재의 대부분을 해외 수입에 의존하는 경제구조로 되어 있는 경우 물가 안정에 대외 변수가 미치는 요인이 크다. 물가 안정에 영향을 미치는 대내 변수로는 재정·통화정책 요인으로 발생하는 수요 측면의 인플레이션이 가장 큰 변수다. 과도한 재정지출과 방만한 통화관리로 시중에 유동성이 필요 이상으로 넘쳐날 때 물가를 자극하고 부동산 등 자산 가격의 버블을 조성하게 한다.

역대 정부에서 부동산 가격이 급등한 요인을 분석해 보면 가장 큰 요인이 방만한 통화·재정정책으로 인한 과잉 유동성이다. 특히, 부동산가격 상승은 임대료 상승과 제품 원가 상승으로 전이되어 물가상승의 핵심적 요인으로 작용한다. 따라서 재정 · 통화정책을 통해 수요측면에서 인플레이션 요인을 잘 관리하면 어느 정도 물가 안정을 도모할 수 있다.
수요 측면에서 인플레이션 억제에 중요한 과제는 한은의 독립적인 통화운영과 정부의 건전한 재정정책 운영이다. 물가관리 실패로 하이퍼인플레이션을 겪은 중남미 국가를 비롯한 대다수 나라들의 공통점은 중앙은행 통화관리 실패와 정부의 방만한 재정정책에 원인을 찾을 수 있다. 하지만 보다 근본적인 원인은 통화관리 실패와 방만한 재정지출을 초래한 후진적인 정치구조와 정치 지도자들의 인기 영합적(포퓰리즘) 정치에 기인한다.

우리나라도 지난 4개 정권을 비교해보면 대체로 진보정권인 노무현 · 문재인 정부에서 수요 인플레이션 요인으로 인한 부동산 가격 등 물가 상승요인이 컸다. 특히, 문재인 정부는 코로나19로 인한 재정지출 요인도 있었지만 방만한 재정지출로 인한 시중 유동성 증대로 부동산 가격상승 등 수요측면에서 물가 상승요인이 가장 컸었다.

재정 건전성 유지와 중앙은행 독립성이 중요

물가안정에 재정의 건전성이 중요한 이유는 한국과 같은 기축통화국이 아닌 국가는 재정건전성이 악화하면 국가 신용도가 하락해 자국의 화폐가치가 하락한다. 이렇게 되면 수입 물가가 상승해 물가안정을 유지하기 어렵다. 하이퍼인플레이션을 겪은 남미 등 대다수 국가가 포퓰리즘 정책으로 인한 재정건전성 악화로 자국의 화폐가치(환율)가 급락해 국민이 자국화폐로 생필품을 구하기 어려운 상황에 몰렸다.

따라서 건전한 재정운영과 한은의 독립적 통화 운영을 통해 자국의 화폐 가치(환율)와 시중 유동성을 적절히 관리하는 것이 물가안정에 가장 중요한 과제다. 건전한 재정 운용을 위해서는 정치 지도자들이 방만한 재정 운용을 함부로 할 수 없도록 건전 재정 운용에 관한 준칙을 입법화할 필요가 있다. 한은의 독립적 통화 운영보장을 위해서는 미국처럼 정치권이 한은 총재의 독립을 실질적으로 보장하는 관행 확립이 필요하다.

미국의 경우 연방준비제도이사회FED의 통화정책의 독립성을 정권교체와 관계없이 대체로 보장해 주고 있다. 지금의 Fed 의장인 파월의 경우 트럼프 전 대통령 당시인 2018년 2월 임기를 시작했지만 바이든 정부로 교체되었어도 재선임되어 2026년 2월까지 임기를 보장받았다. 우리나라도 박근혜 정부 당시 임명된 이주열 한은총재를 문재인 정부에서도 재선임하여 임기를 8년간이나 보장해 준 바 있다. 하지만 임기보장도 중요하지만, 중앙은행이 정치권력에 휘둘리지 않고 독립적으로 통화정책을 운용할 수 있게 하는 관행 확립이 더 중요하다.

폴볼커, 미연준 전의장(1979-1987재임)의 경우 당시 살인적인 인플레이션을 잡기 위해 취임 기간 중 금리를 연 11.5%에서 연 21.5%까지 인상하여 인플레이션 파이터란 별명이 붙었다. 볼커의 과감한 금리인상으로 한때 15%까지 육박했던 물가가 재임 중 2%대 초반까지 떨어졌다. 볼커가 이같이 금리를 올릴 수 있었던 것은 중앙은행의 실질적인 독립성을 정치권이 보장해 주었기 때문이다.

금리인상은 실업률 상승과 경기침체를 단기적으로 초래하는 인기 없는 정책이어서 정권 입장에서는 달가울 수 없다. 실제로 미국 카터 대통령은 볼커의 금리인상으로 연임에 실패했다는 분석도 제기된다. 현재의 미국 Fed 의장인 파월의 경우도 10%에 육박하는 물가상승률을 잡기 위해 4회 연속 자이언트 스탭(한번에 0.75%P 인상)을 통해 2022년 한 해 동안 1% 수준인 기준금리를 4.5%까지 급격히 인상하였다.

공급 측면에서 인플레 요인은 원유나 원자재 수급 차질로 인한 국제유가 상승이나 곡물 등 원자재 가격 상승과 같은 불가피한 대외적 요인이 크나 이 부분도 비용 상승 요인이 국내 물가 상승에 전가되는 부분을 최소화하려는 노력이 필요하다. 예를 들면, 에너지 절약형 · 저소비형 경제 구조로 전환토록 각종 정책적 유인을 강화하는 방안과 곡물 등 해외 원자재 수급을 안정적으로 관리하기 위한 비축방안, 국내 대체 공급방안 등을 다각적으로 모색할 때 대외요인으로 인한 물가 상승 충격을 최소화할 수 있다.

윤석열 정부 출범 이후 식료품 가격은 물론 전기요금, 난방비를 시작으로 버스 · 지하철 · 택시요금 등 각종 요금이 인상되고 있다. 인상 원인은 러시아 · 우크라이나 전쟁 장기화로 인한 유가 및 가스 가격 상승, 곡물 등 원자재 가격 인상과 지난 정부에서 대선을 의식 각종 요금 인상 요인을 억제해온 데 따른 누적 손실에 기인한다. 전기요금의 경우 문재인 정부의 탈원전 에너지 정책의 영향으로 한전의 누적적자*가 눈덩어리처럼 커져 더

* 지난해 한전의 연결기준 누적 영업 손실이 32조6천억 원에 이르고 올해(2023년)에도 전기 요금 인상이 없으면 약 18조 원에 달하는 적자가 발생할 전망이다.

이상 전기요금을 인상하지 않을 수 없는 상황에 몰렸기 때문이다.

난방비도 전기나 가스요금 인상의 영향으로 급등했는데 가스요금의 경우 지난 정부 당시 러시아 · 우크라이나 전쟁으로 천연가스 수입 가격이 급등했음에도 대선을 의식해서 가스요금 인상을 억제함에 따라 가스공사의 누적 손실(미수금)이 9조 원에 달해 요금 인상이 불가피하다. 이처럼 잘못된 에너지 정책과 선거를 의식한 인위적 가격 인상 억제는 모두 더 큰 국민 부담과 고통으로 귀결될 수 있다.

에너지 대부분을 수입해서 사용하는 우리나라의 경우 국제 에너지 가격 상승에 대비해 저원가성 에너지 확보를 추진해야 하며 원전이나 풍력발전 등이 대안이 될 수 있다. 또한, 에너지 절약형 · 저소비형 경제구조로 전환을 위한 정책 인센티브 강화 및 국민 계도에도 노력할 필요가 있다. 부동산 가격 상승으로 인한 전 · 월세 상승, 임대료 상승 등에 기인한 물가 상승요인도 안정적인 통화관리와 주택 공급 확대를 통한 주택 수급관리를 통해 해결 가능하다.

3.

주택 정책의 목적은 국민의 주거 행복권 보장에 두어야

인류의 역사를 보면 인간이 떠돌이 생활을 하는 유목사회에서 한곳에 정착하는 농경사회로 생활방식이 바뀌면서 주택이 인간에게 중요한 생활 필수품이 되었다. 원래 주택은 비와 바람, 태양을 피하고 맹수나 다른 사람으로부터 안전하게 보호받는 주거 공간으로서 역할과 가치가 중요했다.

하지만, 언제부터 주택이 권세와 부의 상징으로 여겨지면서 단순한 주거 수단을 넘어 재산증식 수단으로서의 인식과 가치 전도가 이루어졌다. TV나 영화를 보더라도 부자와 가난한 사람을 비교하는 대표적인 상징 수단이 주택이다. 인간은 누구나 대궐같이 좋은 집, 주거환경이 좋은 집, 헌 집보다는 새집에 살고 싶은 욕망이 있지만 내 집이 없어 임대주택을 전전하는 사람들 처지에서는 내 집 마련이 가장 간절한 꿈일 것이다.

따라서 정부의 기본적인 책무는 국민의 주거행복권을 충족시키는 데 있다. 주택문제와 관련해서 정부가 고려해야 할 3가지 요소는 다음과 같다.
첫째, 국민이 원하는 집에 주거할 수 있도록 주거행복권을 보장하는 문제
둘째, 주택이 국민의 중요한 재산인 만큼 재산권 보호와 함께 주택가격 상승으로 인한 부의 불균형 심화를 해소하는 문제
셋째, 주택 거래는 대부분 금융을 수반하므로 주택문제는 가계부채 문제와 금융안정 문제와 직결되고 경기변동에도 커다란 영향을 미칠 수 있다.
역사적으로 볼 때 정권마다 가치 판단이나 처한 경제 상황에 따라 이 3가지 문제에 대한 정책의 우선순위나 접근 방식이 상이 하였다.

주택은 주거와 재산적 가치(국민의 재산목록 1호)라는 양면성을 갖고 있다. 역대 정권의 주택정책이 실패한 원인은 주거 행복권 보장보다 재산적 가치에 비중을 두고 정책을 추진했기 때문이다. 주택정책이 부의 불균형 해소나 경기 활성화 수단 또는 정치적 목적으로 이용되었기 때문이다.

우리나라의 경우 역대 정권의 주택 관련 정책을 평가해 보면, 노태우 정부의 200만 호 주택공급정책이 국민의 주거행복권 보장과 주택가격 안정 측면에서 가장 성공한 정책으로 생각된다. 반면 노무현 정부는 부의 불평등 해소에, 박근혜 정부는 경기 활성화 수단으로 활용되었다.

문재인 정부의 주택 정책은 이념 지향적이고 수요 억제에 바탕을 둔 규제

위주 정책으로 주택 정책이 강남 vs. 비강남, 다주택자 vs. 무주택자 등으로 차별화되어 국민의 주거 행복권 보장과 주택가격 안정면에서 가장 낮은 평가를 받는다.

주택가격에 가장 영향을 미치는 요인은 수급문제이다. 수요에 비해 공급이 부족할 경우 당연히 가격이 상승한다. 주택수급과 관련해서는 2가지 요인을 눈여겨 봐야 한다.
첫째, 전체적인 면에서 수급이 균형을 이루더라도 지역별로는 수급불균형이 발생할 수 있다. 예를 들어 전국의 주택보급률*이 100%를 초과하더라도 인구가 밀집한 수도권이나 서울의 주택보급률은 100%를 하회할 수 있다. 특히, 서울 강남지역과 같이 주거 인프라가 잘 갖춰져 있어 선호도가 높은 지역의 경우 수요에 비해 공급이 항상 부족할 수 있다.
둘째, 전체 주택보급률 중 새집이 차지하는 비중이다. 우리나라의 경우 전국의 주택보급률은 100%에 육박하지만, 새집 보급률은 20% 수준에 불과하다. 30년 이상 노후화된 집보다 새집에 살고 싶은 주거행복권을 충족시키기 위해서는 새집 보급률이 주택정책의 주요 지표로 활용되어야 한다.

이런 2가지 요인을 생각할 때 서울 특히, 강남에 대한 재건축 규제 강화는 수급 면에서 실패한 정책으로 볼 수 있다. 수급 면에서 공급이 가장 필요한 지역(강남)에 오히려 규제 강화로 공급을 억제함으로써 가격 상승을

* 2020년 기준 전국 주택보급률은 103.6%, 수도권은 98%, 서울은 94.9%, 경북은 115.4%

초래했고 이에 따라 강남이 전국의 주택가격 상승의 도화선이 된 것이다. 이처럼 국민의 주거행복권을 침해하는 수요억제 위주의 주택정책은 반드시 실패한다는 점을 문재인 정부의 부동산 정책이 잘 보여 주고 있다.

국민의 주거 행복권보장을 위한 정책 방향은
첫째, 국민이 살고 싶은 곳에 주택을 충분히 공급하고(수요자 중심 주택 공급)
둘째, 국민의 내 집 마련 꿈을 이룰 수 있도록 지원하고
셋째, 저소득 취약계층의 주거비용 경감을 지원하는 데 있다.

3-1. 공급자 위주에서 수요자 위주로 주택 공급 정책 전환

국민 대다수는 교통 · 주변 환경 · 교육 등 인프라가 잘 갖춰진 곳에 주거하기를 원한다. 그런 면에서는 이미 인프라가 잘 갖춰진 도심재개발 · 재건축을 통한 주택 공급 확대가 신도시 개발보다 국민의 주거 행복권보장 측면에서 우월하다고 볼 수 있다. 하지만 역대 정권에서 주택 공급의 대부분은 신도시 개발을 통해 공급됐다. 정부 차원에서 신도시 개발을 통한 주택 공급을 선호하는 이유는
첫째, 단기간 내에 주택 공급 확대 계획을 국민에게 명료하게 밝힐 수 있어 정권 홍보 차원에서 유리하다.
둘째, 주택 공급 추진 과정에서 복잡한 이해 관계 충돌*을 회피할 수 있다.

* 도심재개발 · 재건축의 경우 이해관계자 수도 많고 관련되는 법령, 규정도 많아 이해관계자의 의견 조정에 많은 시간이 소요된다.

셋째, 도심 개발보다 낮은 분양가로 많은 주택을 공급할 수 있어 주택 공급 확대 과정에서 집값 상승을 자극할 요인이 상대적으로 적다.*

이처럼, 신도시 개발**이 정부 차원에서 선호하는 요인이 많지만, 부정적 요인도 결코 간과할 수 없다. 우선, 신도시 개발은 공급자 중심의 주택 정책으로 수요자의 선호를 정확히 반영하지 못할 때 수요자로부터 외면 받을 가능성이 크다.***

둘째, 신도시 개발의 경우 도심개발과 달리 기존의 인프라가 없는 지역에 주택을 공급하기 때문에 추가적인 인프라 공급을 위한 정부 예산투입이 불가피하다.****

셋째, 신도시 개발의 경우 개발과정에서 해당 토지를 미리 소유하고 있는 소수에게 막대한 개발이익을 떠안기는 특혜 소지가 크다.*****

또한, 신도시 개발 과정에서 정보를 사전에 취득 가능한 정치권 · 정부(건교부) · 지자체와 건설사 · 사업시행사 · 금융사 간의 부패 스캔들로 연결될 가능성이 있다.

* 신도시 개발의 경우 서울 근교의 개발제한구역이나 자연녹지 등에 토지규제를 완화하는 방식으로 주택을 공급하기 때문에 분양 원가가 저렴할 수밖에 없다.

** 노태우 정부 당시 발표한 1기 신도시의 경우는 대체로 수요자의 선호를 어느 정도 충족하면서 주택 가격 안정에 이바지한 것으로 평가받지만 그 이후 발표된 신도시 개발의 상당수는 수요자의 외면으로 중장기적으로 실패할 가능성이 크다.

*** 일본도 도심 외곽의 위성도시 건설을 통해 주택공급을 확대해오다 수요자들의 외면으로 유령도시로 변하자 도심 개발 위주의 주택공급정책으로 전환하였다.

**** 분양 원가에는 책정되지 않는 도로 · 전기 · 수도 · 학교 등 공공 기반 시설 확충에는 많은 정부예산이 소요된다.

***** 도심 재건축과 달리 신도시 개발지역이나 인근에 막대한 땅을 소유한 사업시행자나 건설업자의 경우 신도시 개발로 인해 막대한 개발이익을 누릴 가능성이 크다.

넷째, 도심 외곽의 신도시 건설은 도심 진입 과정에서 교통수요를 유발하고 신도시 인근에 자체적인 주거수요를 유발하지 못할 경우 장기적으로 유령도시로 변할 가능성이 크다.

이상과 같은 신도시 개발의 장·단점을 면밀히 분석해서 아래와 같은 방향에서 수요자 위주의 주택공급정책으로 전환할 필요가 있다.

① 수요가 많은데도 노후된 주택 비중이 높은 서울의 경우 도심재개발과 재건축규제 완화를 통해 새집 공급을 대폭 확대할 필요가 있다.*
② 서울 외곽의 경우 새로운 신도시 건설보다 기존의 인프라가 잘 구축된 1기 신도시에 대한 재건축규제 완화나 리모델링 규제 완화를 조기에 추진하는 것이 바람직하다.
③ 서울의 경우 강남과 강북지역 간의 인프라 격차 해소를 위해 강북지역에 대한 인프라 투자 확대가 필요하다.
④ 금리상승과 경기둔화로 부동산 가격하락이 예상되는 시기가 재건축 규제완화에 따른 집값 상승 우려를 완충할 수 있는 적기이기 때문에 향후 2~3년간 재건축 규제 완화 등 서울 도심 개발에 속도를 낼 필요가 있다.
⑤ 서울 도심 개발 시 수요가 많은 지역은 층고 규제 완화** 등 용적률을 최대한 높여 신규주택공급을 최대한 확대할 필요가 있다.

* 박원순 서울시장과 문재인 정부 재임기간 재건축규제로 인해 서울의 새집 공급이 크게 위축.
** 규제 완화로 인한 개발이익은 흡수해 공공임대 주택 재원으로 활용한다.

3-2. 내 집 마련 꿈 실현을 지원(My Home 정책)

주택은 우리나라 국민의 보유자산의 70%를 차지할 만큼 중요한 재산 항목이다. 젊은 층에 있어 주택은 결혼과 출산에 큰 영향을 미치고 노인에게 있어서는 주택연금을 통해 노후보장을 받을 수 있는 수단이다.
따라서, 우리 국민의 내집 마련 꿈을 실현시켜주는 정책은 지금 우리나라가 처한 초저출산율과 높은 노인빈곤율을 타개할 수 있는 일석이조의 정책이 될 수 있다.

무주택 중산 · 서민의 내 집 마련 꿈을 지원하기 위해서는
첫째, 소득에 비해 집값이 지나치게 높게 형성되지 않도록 집값 안정을 도모해야 하고
둘째, 미국처럼 일정소득만 있으면 장기 융자금(모기지론)으로 주택을 구입할 수 있게 할 필요가 있다.
특히, 젊은 층과 신혼부부들의 내 집 마련 지원은 저출산 대책의 핵심을 차지할 만큼 국가의 중요한 책무이다. 이를 위해서는 미국처럼 장기모기지론 공급을 통한 내 집 마련 지원책을 강화할 필요가 있다.

우리나라는 현재 주택금융 공사를 통해 장기 모기지론을 공급하고 있으나 대출 재원이 턱없이 부족하고 장기 모기지 채권시장이 충분히 조성되지 않아 30년 이상(40년, 50년 등) 장기 모기지론 공급에 제약요인이 많다.
또한, 은행을 통한 장기 모기지 대출이 원활히 이루어지기 위해서는 장기 모기지론에 대한 보증 전담 기관이 필요하다.

따라서 미국의 페니메이, 프레디맥* 같은 장기 모기지 대출 보증 전문기관을 설립하여 장기 모기지론 공급을 확대할 필요가 있다.

우리나라의 경우 현재 장기 모기지 대출을 전담하는 주택금융 공사가 있으므로 이를 확대하거나 시중 은행을 통한 장기 모기지론 공급도 가능하도록 장기 모기지론 보증전문기관을 설립하는 방안을 검토할 필요가 있다. 현행 주택금융 공사의 장기 모기지론 대출 자격요건이나 대상 주택 범위가 제한적이므로 이를 대폭 확대하고 주택금융공사의 현행 자본금(4조 원)을 대폭 늘리도록 정부 출연을 확대할 필요가 있다.**
또한, 장기 모기지 채권시장 조성을 위해 장기자금으로 운용되는 연기금이 장기 모기지 시장에 적극 참여토록 하는 방안도 필요하다.***

현재 우리나라 주택가격은 가계의 소득으로 집을 구입하기 어려울 만큼 지나치게 높다. 특히, 문재인 정부 5년간 저금리와 코로나19로 인한 과잉 유동성, 재건축규제강화와 세금폭탄을 통한 수요억제와 공급축소로 단기

* 프레디맥은 연방 주택 담보 대출공사, 페니 메이는 연방 주택 저당 공사이며, 이 두 개 기관은 미국 전체 모기지 시장의 절반을 보증할 정도로 미국 주택 담보 대출 분야의 양대 산맥임. 당초 국영기업으로 출발했으나 미국 정부가 보유지분을 줄이면서 단계적으로 민영화되었다. 하지만 프레디맥은 2007년 서브 프라임 사태 이후 경영난으로 다시 국유화되었다.

** 최근 주택금융공사에서도 소득 수준과 상관없이 주택가격 9억 원 이하에 최대 5억 원까지 최저 4.15% 고정금리로 받을 수 있는 특례 보금자리론을 출시하는 등 모기지 확대를 추진하고 있으나 자본금 4조 원의 주택금융공사에서 연간 40조 원 보금자리론 공급으로는 내집 마련 수요 충족에 절대적으로 미흡한 상황이다.

*** 향후 장기모기지 수요가 폭발적으로 증가할 경우, 주택금융공사의 모기지 대출 재원 조달이 원활히 되도록 주택금융공사 채권 발행에 정부가 보증하는 방안도 검토.

간에 가장 높은 주택가격 상승률을 기록했다. 통상 주택가격이 얼마나 높은지를 판단할 때 쓰는 지표로 가구소득대비 주택가격 지수인 PIRprice to income ratio을 사용하는데 이명박·박근혜 정부 때까지 10 이하에 머물던 서울의 PIR이 문재인 정부 기간* 중 15까지 상승하여 서울 집값 수준이 많이 높음을 알 수 있다.**

반면 정부 발표 자료의 기초가 되는 한국부동산원 기준으로는 서울 아파트는 약 20%, 전국은 약 13% 상승률을 기록해 윤석열 정부 들어 감사원이 지난 정권의 통계 조작 문제를 조사하고 있다.***

중산·서민층의 내집 마련 지원을 위해서는 부동산 관련 세제의 정상화와 재건축규제 완화 등 공급 확대를 통해 경제 현실에 맞지 않게 비정상적으로 상승한 주택가격의 하향 안정화가 필요하다.
문재인 정부 5년간 급등한 주택가격을 1단계는 코로나19 이전 수준으로, 2단계는 문재인 대통령 재임 이전 수준으로 단계적으로 하향 안정이 필요하다.****

* 문재인 정부 집권 기간인 2017년 5월부터 2021년 5월까지 서울의 아파트 가격 상승률은 약 50%, 전국 아파트 가격 상승률은 약 23%이다.(KB국민은행 통계 기준)
** PIR이 15이면 통상 15년치 소득을 쓰지 않고 모아야 집을 구입할 수 있다는 뜻이다.
*** IMF 자료에 의하면 한국은 코로나19 이후 전국 주택가격 상승률이 약 20%에 달해 아태지역 국가 중 호주, 뉴질랜드와 함께 가장 높은 상승률을 기록했다.
**** 한국에서 가장 많이 집값이 하락한 시기는 1991~1996년으로 이 기간에 22분기 연속 하락해 누적 하락률 33.7%를 기록했다.

3-3. 저소득 취약 계층의 주거 문제 해결

저소득 취약계층은 보유재산도 적고 소득 능력도 취약하므로 전세대출 지원이나 내 집 마련 지원제도를 활용해 주거 문제를 해결하기도 어렵다. 따라서 이들에 대해서는 공공임대 주택공급을 확대할 필요가 있다. 대도시 도심이나 신도시 개발 시 개발이익 환수 자금이나 정부의 재정자금 투입을 통해 공공임대주택 공급을 지속해서 확대해 나갈 필요가 있다.

현재 우리나라의 경우 무주택자에 대한 주거 제공은 민간을 통한 전세와 월세, 공공임대주택을 통해 이루어지고 있다. 전세 제도는 우리나라만 가지고 있는 독특한 제도로 기본적으로 주택가격이 지속해서 상승할 경우를 전제로 만들어진 구조다. 따라서 최근처럼 집값이 하락할 때 역전세난으로 전세보증금을 조기에 반환받지 못하는 상황이 발생할 수 있다.

전세 제도는 주로 개인(다주택자)에 의해 공급됐고 집값 상승을 기대한 개인들이 전세를 끼고 주택을 매입하는 방식으로 이루어졌다. 전세 제도가 국내에서 호응받은 이유는 세입자에게는 월세보다 상대적으로 저렴하게 주거할 수 있는 장점이 있고 임대인의 처지에서도 적은 투입비용으로 집을 구매해 집값 상승의 이익을 극대화(레버리지효과) 할 수 있는 장점이 있었다.

하지만, 집값 하락기에는 역전세문제로 인해 세입자의 지위가 불안정해지고 임대인도 집값 하락으로 큰 손실이 발생할 수 있다. 또한, 최근에는 범죄 집단의 대규모 전세 사기 사건이 빈발하고 있다. 또한, 그동안 정권이 바뀔 때마다 다주택자에 대한 세금 제도가 변경됨으로 인해 세금이 전셋값에 전가되는 현상도 발생했다. 전세 제도는 전세대출을 수반하기 때문에 집값 상승기에는 전세 대출도 계속 증가하는 구조로 인해 가계부채*의 구조적 증가요인이 되고 있다.

이처럼, 전세 제도는 경제 성장기나 인구가 계속 증가하는 시기에는 유용한 제도라고 볼 수 있으나 지금과 같이 저출산 · 고령화로 인한 생산가능인구 감소기나 경제가 저성장으로 가는 시기에는 더 이상 유용한 제도가 될 수 없고 오히려 전세 제도의 부작용이 심화할 수 있다. 따라서 전세 제도가 자연스럽게 소멸할 수 있도록 정부차원에서 월세 확대를 위한 인센티브를 지원할 필요가 있다.**

일본 · 미국 등 선진국의 경우 우리나라와 달리 기업형 임대주택사업자를 통해 임대주택을 대부분 공급하고 있다. 우리나라도 기업형 임대사업자가 육성될 수 있도록 세제 · 금융상 인센티브를 지원할 필요가 있다. 윤석열 정부에서 민간 임대사업자 육성을 위해 임대사업자로 등록한 다주택자에 대한 양도세 와 취득세 중과 조치를 완화하고 있는바, 앞으로 개인형 임대사업자보다 기업형 임대사업자가 우대받을 수 있는 제도적 장치를 마련할 필요가 있다.

* 2022. 9월 말 기준 가계부채는 약 1,870조 원으로 GDP 대비 약 105%로 주요국 중 가장 높은 수준이며, 전세 보증금 약 970조까지 포함하면 GDP 대비 약 153%에 이른다.

** 문재인 정부 기간 동안 은행의 주택담보대출은 5년간 37% 증가한 약 635조(2022.7월 말 기준), 전세대출은 25% 증가한 약 170조로 주택가격상승이 가장 큰 영향을 미쳤다.

4.

경제 위기 예방은 국민 행복을 지키는 파수꾼

4-1. 향후 2~3년이 가장 Critical한 시기

'97년 외환위기를 겪은 우리나라의 경우 많은 국민이 외환위기로 극심한 고통을 겪었다. 자산 가격이 폭락하고 금리와 환율이 치솟고 수많은 기업이 도산해 한순간에 많은 사람이 일자리를 잃었다. IMF 외환위기는 대부분의 국민에게 극심한 경제적 고통을 주었지만, 특히, 저소득 취약계층과 사회에 첫발을 내딛는 젊은 층에 가장 큰 고통을 안겨주었다.

지금의 40~50대가 외환위기 당시 20~30대로 사회 첫 출발부터 경제위기로 취업문이 막히고 다니던 직장이 도산으로 일자리를 잃는 고통을 겪었다. 그래서 40~50대는 외환위기를 초래했던 당시 보수정권에 대한 반감을 아직도 갖고 있다. 외환위기가 우리 국민에게 극심한 고통을 주었지만 다른 한편으로는 트라우마로 인해 경제 체질을 바꾸는 계기도 되었다. 외환위기 이후 기업 · 국가 모두 부채관리와 외환 확보에 노력을 기울인 결과, 기업의 재무구조와 국가의 재정 건전성이 상당 기간 양호하게 유지됐고 지속적인 무역수지 흑자로 외환보유고도 세계 10위권 이내 규모로 확충됐다.

외환위기 이후 10년 만에 미국발 글로벌 금융위기가 세계 경제와 금융시장을 강타했지만, 강화된 경제체질과 위기 대응 능력으로 우리 경제는 큰 혼란과 충격 없이 버틸 수 있었다. 하지만 2008년 글로벌 금융위기 이후 미국과 달리 우리나라는 가계 · 기업 · 국가 모두 구조개혁과 부채관리에 노력을 기울이지 않았다. 그 결과 지난 10여 년간 가계 · 기업 · 국가 모두 부채가 급격히 증가하였다. 특히, 문재인 정부 기간 중 코로나19 발생으로 인한 확장적 재정 · 통화 운영으로 가계부채와 국가부채가 천문학적인 수준으로 급증하여 우리 경제에 적신호가 켜졌다.

최근 한국경제를 둘러싼 대내외 여건 악화는 우리 경제에 대한 위기 경고 신호를 보내고 있다. IMF가 2023년 1월 31일 발표한 '2023년 세계 경제와 주요국 성장률 전망치'에 의하면 우리나라는 1.7%로 일본의 성장률 전망치인 1.8%보다 낮고 세계 경제 성장률 2.8%보다도 낮다. 일본보다 성장률이 낮은 해는 1967년 이후 65년간 2차례(1980년 오일쇼크, 1998년 외환위기) 뿐이어서 충격적이다.
특히 IMF는 유독 한국만 성장률 전망치를 당초 2.0%보다 낮게 하향 조정하고 미국 · 일본 · 중국 · 유로 등 대부분 국가와 세계 경제 성장률은 당초

보다 높게 상향 조정했다.*

올해 금융시장은 미국의 금리인상에 따라 세계 각국의 중앙은행들이 앞다퉈 금리를 인상함에 따라 고금리시대 전환으로 인한 자산시장의 가격 하락과 통화 가치 변동으로 금융 시장의 변동성 확대가 예상된다.
특히 미국의 금리인상으로 인한 전 세계적인 고금리 금융환경으로 금융 선진국인 미국의 실리콘밸리은행SNB이 뱅크런으로 파산하자 미국 내 여타 중소은행으로 금융 위험이 전이되어 바이든 대통령까지 나서 예금자를 안심시키는 대국민 메시지를 발표했다. 또한, 167년 전통의 스위스 2위 은행인 크레딧스위스은행CS이 투자 손실을 감당하기 어려워 스위스 금융 당국의 개입 하에 유비에스은행UBS에 인수 당하는 그야말로 세계 금융 시장이 어디로 불똥이 튈지 모르는 살얼음판을 걷는 형국이다.

두 은행을 순식간에 침몰시킨 것은 무시무시한 뱅크런(대규모 예금 인출 사태)인바. 디지털 시대에 모바일 뱅킹을 통해 간단히 거액을 인출할 수 있는 금융 환경이 이런 상황을 초래했다고 본다. 모바일 뱅킹 강국인 우리나라도 결코 안전지대라 할 수 없으므로 고객의 신뢰를 잃지 않도록 리스크 관리에 만전을 기해야 한다.

이처럼 우리 경제를 둘러싼 대외요인은 갈수록 악화하고 있는데도 대내요인은 위기를 더욱 심화시키는 방향으로 진행되고 있다. 윤석열 정부가

* 미국(1.0%→1.4%), 중국(4.4%→5.2%), 유로존(0.5%→0.7%), 세계(2.7→2.9%)

새로이 출범했지만, 압도적 의석을 가진 거대 야당의 견제로 대내외 경제 위기 극복을 위한 각종 대책이 발목을 잡히고 있다.

한국경제는 향후 2~3년이 매우 중요한 시기Critical period다. 그 이유는 향후 2~3년이 세계 경제와 금융시장이 극심한 변동성과 어려움을 겪게 되는 시기가 될 것이기 때문이다. 대내 여건도 아래와 같은 이유로 최근 20여 년간 지금이 가장 취약한 시기다.

① 가계 · 기업 · 국가부채 모두 역사적으로 가장 위험한 수준에 도달

- 가계부채는 GDP 대비 가계부채 규모가 세계에서 가장 높은 수준
- 국가부채도 증가 속도가 세계에서 가장 빠른 수준
- 기업부채도 중소기업 및 자영업의 경우 코로나19로 인한 대출 만기 연장 종료 시 심각한 상황 발생

② 무역수지 적자 구조 지속 전망*

- 세계 경제 성장 둔화와 에너지 수입 증대로 무역수지구조 악화
- 수출 비중이 높은 중국 경제 둔화로 대중 수출 지속적으로 감소 예상
- 주력 수출 업종인 반도체 경기 둔화 지속

③ 부동산시장 침체 · 주식시장 침체 · 기업도산 증가 시 금융부실 확산 우려

- 지난 5년간 급격히 상승한 부동산 가격이 급락하고 거래가 침체할 경우 금융회사 부실이 증대될 가능성
- 특히, 담보 비율이 취약한 비은행권을 중심으로 금융부실 확산 가능성

* 2022년은 2008년 글로벌금융위기(133억 달러 무역 적자) 이후 14년 만에 대규모 무역적자 전망(약 500억 달러 적자 예상), 2023년에도 수출 부진과 에너지 수입 증가로 무역적자가 이어질 전망이다.

* 한은이 2022. 12월 22일 공개한 '금융안정보고서'에 의하면 2022년 9월말 현재 부동산 금융익스포저는 2,696조 6천억 원으로 GDP의 125.9%에 달한다. 이중 부동산 기업금융은 1,074조원, 부동산 가계금융은 1,622조원이며 부동산 기업금융은 전년 동기대비 증가율이 17.3%로 가계금융증가율(3.5%)보다 빠른 증가세를 보였다. 한은은 이 보고서에서 주택가격이 큰 폭으로 오른 상황에서 금리가 큰 폭으로 상승하고 주택가격이 급락할 때 GDP 대비 높은 부동산 금융 익스포저가 금융부실을 초래해 경제위험요인이 될 수 있다고 분석했다.

특히, 부동산 PF대출(9월 말 기준 116조 6천억 원)의 경우, 과거와 달리 자본시장과 부동산 PF대출 간 연계성이 높아지고 자본력이 부족한 비은행권의 PF대출 비중이 높아져 향후 주택가격 하락 시 비은행권의 부실 확대와 채권 및 단기 자금시장 전반에 경색과 충격을 초래할 수 있다고 분석했다.

한은은 집값이 15% 하락하고 부동산 경기 부진이 1년으로 그칠 경우, 금융회사 전반의 자본 비율이 양호한 수준을 유지할 것으로 전망했다. 다만, PF 관련 유동성 리스크가 확산하면 자본력이 취약한 증권사 · 저축은행 · 캐피털 등 일부 금융권을 중심으로 자본비용이 크게 하락할 수 있다고 전망했다. 또한 집값이 30% 떨어지고 부진 기간도 3년 이상으로 장기화하면 대부분 금융회사에서 자본 비율이 상당 폭 하락하고 규제기준을 밑도는 금융기관도 많이 늘어날 수 있다고 분석했다.

④ 한국경제에 대한 외국 신평사 및 IB들의 부정적 평가 우려

- 무역수지 적자가 지속되고 여야 간 극한 대립으로 구조개혁이나 위기 대응책을 제대로 추진하지 못할 경우 발생 가능

이처럼 앞으로 2~3년 내 시급한 구조개혁과 위기관리 대응책을 강구하지 못할 경우 한국경제는 '97년 외환위기 못지않은 최악의 시나리오로 전개될 가능성이 있다.

4-2. 제2의 외환 위기를 예방하려면

정부는 2023년 경제정책 방향에서 2023년 경제성장률이 1.6%(2022년 2.5%)에 그칠 것이라는 비관적 전망을 제시하고 있다.*

이에 따라 정부는 정책 금융 공급을 대폭 확대하고 각종 규제를 완화하는 한편 노동 · 교육 · 연금 개혁과 함께 금융 · 서비스 · 공공 분야의 혁신을 통해 한국 경제의 체질을 개선할 계획이다. 그동안 주력 수출 업종으로 한국 경제를 견인해온 반도체 · 전기 · 전자 · 조선 · 화학 · 기계 분야의 수출 감소에 대비해 UAE · 사우디와 대규모 외자 유치를 통한 해외 건설과 원전, 방위산업 등 새로운 유망 수출 분야 육성을 적극적으로 지원할 계획이다. 또한, 2030년까지 '신성장 4.0 전략'**을 단계적으로 추진해 우리 경제의 미래 성장 잠재력을 확충할 계획이다.

* 1.6% 성장률은 IMF나 OECD가 전망한 내년 세계평균 성장률에 크게 못 미치며 2010년 이후 코로나19 첫해인 2020년(△0.7%, 세계 평균 △3%)을 제외하면 우리나라 성장률이 계속 세계평균을 밑도는 상황이 지속되고 있다.
** 자율주행 인프라 완비, 스마트 농 어업, 반도체 산업단지 조성, 달 탐사 우주선 개발 등 15개 프로젝트.

신성장 전략도 중요하지만 가계 · 기업 · 국가부채를 줄이기 위한 노력도 필요하다. 가계부채의 경우 명목성장률 이내로 가계대출 증가율을 유지할 수 있도록 한국은행과 금융당국이 가계대출 총량 관리에 노력해야 한다.

특히, 가계대출의 주된 증가요인이 되어온 전세대출 등 부동산 관련 대출과 자영업, 중소기업 대출에 대한 관리를 강화할 필요가 있다. 중소기업 대출과 자영업 대출의 경우 코로나19로 인해 급격히 증가하였고 그동안 대출 만기 상환 유예 조치로 버텨왔으나 경기 둔화가 계속되면 금융부실 요인으로 작용할 수 있다.

따라서 상환 가능성이 떨어지는 가계대출과 중소기업 · 자영업 대출에 대해서는 선제적인 부채구조조정Pre-workout을 통해 금융부실이 일시에 확산하는 부작용을 차단할 필요가 있다. 아울러, 가계 대출 문제의 근본적 해결을 위해서는 가계부채 문제 유발요인이 되어온 부동산 관련 대출제도 개편과 개인 자영업자의 사업구조 개편이 추진되어야 한다.

특히 부동산 시장 침체와 고금리로 인해 취약해진 제2금융권의 부동산 PF 대출에 대한 감독을 강화할 필요가 있다. 또한, 최근 미국 실리콘밸리 은행 사태에서 보듯이 세계적인 고금리 환경 하에서 일개 은행의 부실 위험이 뱅크런 사태를 촉발하고 타 은행으로 번질 가능성이 높아졌으므로 부실 위험이 높아진 저축은행, 새마을금고, 상호금융, 중소형 증권사 등에 대한 감독을 강화할 필요가 있다.

또한, 이번 미국의 뱅크런 사태를 계기로 미국 등 금융 선진국보다 낮은 예금자 보호 한도*(5천만 원)을 상향시키고 뱅크런 사태 발생시 신속히 대응할 수 있도록 예금보험기금에 금융 안정 계정을 도입하는 법안을 조속히 통과시킬 필요가 있다.

국가부채의 경우, 2010년대에 GDP 대비 국가부채 비율**이 30%대에 머무르다 문재인 정부 시절 재정 확장 정책으로 지난해(2022년) 49.7%로 높아졌고 올해는 50%대에 육박할 전망이다. 우리나라의 경우 아직은 OECD 선진국보다 낮은 수준을 보이고 있으나 최근 부채 비율 증가 속도가 가파르고 특히, 저출산 · 고령화가 세계에서 가장 빠른 속도로 진행되고 있어 부채증가 속도를 조절하지 않을 경우, 일본***처럼 단기간에 국가부채가 GDP 대비 100%까지 도달할 수 있다.

지난 정부 5년간 재정확대 정책으로 그동안 엄격히 유지되어온 재정 건전성 원칙이 무너졌는바, 앞으로 재정 건전성 원칙을 복원하는데 최우선을 두고 경제 정책을 운용할 필요가 있다. 이를 위해 지난 5년간 비대해진 공무원 및 공공부문의 구조개혁과 함께 그동안 관행적으로 책정하거나 방만하게 운영되어온 국가 및 지자체 예산도 경제 · 사회 환경 변화에 맞추

* 주요 선진국의 예금자 보호 한도는 미국은 25만 달러, 일본은 천만 엔, 영국은 8만5천 파운드, 독일은 10만 유로로써 우리나라보다 2~6배 높다. 우리나라는 2001년 이후 22년째 5천만 원으로 묶여 있다.

** 2020년 기준 미국은 161%, 일본은 257%, 영국 149%, 프랑스 145%

*** 일본의 경우 1991년 GDP의 62%였던 국가부채 비율이 불과 8년만인 99년에 130%로 두 배 이상 증가했고 지난해는 260%를 넘었다.

어 Zero base에서 재검토할 필요가 있다. 아울러, 재정 건전성을 유지하기 위해 재정준칙(GDP 대비 관리재정 수지를 3% 이내 유지 등)을 법제화*할 필요가 있다. 또한, 5년 단위로 국가부채 비율 상한선을 목표로 설정하고 이를 준수토록 법제화하는 방안도 검토할 필요가 있다.

윤석열 정부가 발표한 경제 정책과 노동 개혁, 재정 개혁 등 구조개혁 노력이 계획대로 추진될 경우 한국 경제는 향후 2~3년간의 어려운 위기 구간을 지나 지속성장할 수 있는 경제 체질과 잠재력을 확충할 수 있을 것으로 생각된다. 하지만 지금과 같은 여야 간의 극한 대립으로 국가운영에 차질을 빚을 경우 한국 경제는 향후 2~3년이 가장 위험한 시기가 될 가능성이 크다.

* 재정준칙의 법제화는 현재 야당의 반대로 국회에 계류 중에 있다.

[6]
국민 안전과 삶의 질 향상

국민의 안전한 삶을 보장하는 것은 국가의 존재 이유이자 가장 중요한 책무이다. 국민의 안전한 삶을 위협하는 요소로는 전쟁과 테러, 살인 · 강도 · 강간과 같은 범죄, 각종 재난과 사고 등을 들 수 있다. 국민의 안전한 삶이 파괴되거나 위협받는 것은 행복에 가장 직접적인 영향을 미친다.

예를 들어 러시아의 우크라이나 침공으로 1년여 이상 전쟁이 장기화하여 전쟁으로 많은 민간인 사상자가 발생하고 도시가 폐허가 되어 난방과 전기와 수도가 끊기는 등 우크라이나 국민의 대다수가 최악의 생존환경 속에서 죽음에 대한 공포와 가족과 친지의 죽음으로 인한 고통을 겪고 있는 상황에서는 결코 행복을 느끼기 어려울 것이다.

오랜 기간 전쟁과 내전을 겪었던 이라크와 아프가니스탄 국민의 행복 지수가 세계 최하위 수준을 기록한 것도 국민의 안전한 삶의 터전이 파괴되었기 때문이다. 국민의 안전한 삶을 보장하는 국가의 책무와 함께 근래 들어 선진국을 중심으로 삶의 질 향상에 대한 국민적 관심과 요구가 중대함에 따라 이에 대한 국가적 대응 노력이 이루어지고 있다.

삶의 질 향상에 영향을 미치는 주된 요소는 기후환경, 생활환경(공기, 물, 식품 등), 사회적 환경(건강한 사회 vs. 병든 사회), 노동환경(일과 휴식 병행, 워라밸) 등을 들 수 있다. UN이나 OECD에서 측정하는 국민행복지수 순위의 평가 항목에 삶의 질 향상이 포함되어 있는바 행복 선진국의 경우 예외 없이 삶의 질이 높다.

1.
전쟁 예방은 국가의 존재 이유다

전쟁을 겪어 본 사람이라면 누구나 전쟁의 참상을 생생히 기억한다. 그래서 전쟁 억지를 위한 안보의 중요성을 절실하게 인식하고 있다.
한국의 경우 1950년 6·25전쟁을 직접 겪은 세대는 75세를 넘는 고령 세대로 전체 인구의 10% 정도에 불과하다. 약 90% 정도는 전쟁의 참상을 겪어 보지 못한 세대다.
6·25전쟁 이후 70여 년간 체제가 다른 남북한이 휴전선을 사이에 두고 대치하는 군사 긴장 관계가 팽팽하게 유지되어 왔다. 북한의 경우 김씨 정권 세습체제를 이어오면서 한 번도 남한을 무력으로 적화시키겠다는 꿈을 포기한 적이 없다.

특히 김정은 집권 이후 핵무기 및 ICBM과 같은 미사일 개발에 더욱 박차를 가하고 있다. 반면, 남한의 경우 정권에 따라 북한에 대한 접근 방식에 차이가 크다. 김대중·노무현·문재인 등 진보 정권 집권 시에는 햇볕정책으로 한반도 평화 체제 정착에 주력했지만 박정희·전두환·이명박·박근혜 등 보수 정권 집권 시에는 당근과 채찍으로 북한과의 긴장 완화에 노력하면서도 남침에 대비한 안보 강화에 주력하였다.

그동안 진보 정권 집권 시 북한의 변화를 유도하기 위해 남북한 인적·물적 교류 확대는 물론 각종 경제적 지원을 확대하고 북한 핵 폐기 등 남북한 간의 군사적 긴장을 완화하려는 노력을 기울였지만, 결과적으로는 북한의 핵과 미사일 개발을 위한 자금 지원과 시간만 벌게 해주었다는 비판을 받는다. 특히, 김대중 정부 당시 불법 대북 송금과 금강산 관광·개성공단 등 남북경제 교류 확대는 남북 평화 기반 조성에 이바지했지만 북한의 핵·미사일 개발과 독재정권 유지에 악용되었다는 비판도 받고 있다.

노무현 정부도 김대중 정부의 햇볕정책이라는 대북 정책 기조를 계승해 금강산 관광과 개성공단 가동을 유지하고 정권 말인 2007년에 남북정상회담을 개최했다. 노무현 정부 집권 기간 남북한 경제 교류 확대 등을 통한 평화 무드 조성으로 별다른 충돌은 없었지만, 북한의 핵 개발을 포기시키는 등 근본적인 변화를 유도하지는 못했다.

햇볕정책을 추진했던 김대중·노무현 정부 이후 등장한 보수우파 정권인 이명박 정부는 북한의 비핵화를 전제로 한 비핵·개방·3000 & 그랜드 바겐이라는 대북 전략을 추진했지만 핵 개발을 포기하기 어려웠던 북한으로서는 수용이 어려웠다. 특히, 이명박 정부 당시 북한군의 남한 금강산 관광객 총격 피살사건으로 2008년 7월 금강산 관광이 중단되고 2010년 3월 천안함 사건, 2010년 11월 연평도 포격 사건 발생 등 남북한 긴장과 군사적 충돌이 증대하였다.

이명박 정부 하반기인 2011년 김정일 사망으로 변화를 기대했던 남북관계는 박근혜 정부 이후인 김정은 체제하에서도 핵개발 기조에는 변화가 없었다. 오히려 김정은은 2016년 경제와 핵무력 건설 병진 노선을 채택하면서 핵과 미사일 개발에 더욱 박차를 가했다. 박근혜 탄핵으로 등장한 문재인 정부의 대북정책은 김대중 · 노무현 대통령에 이은 햇볕정책을 기본으로 한반도 평화 정착을 위한 대북 포옹에 기반을 두고 있으나 임기 내 이어진 자나친 유화적 대북 접근은 미 · 일 등 동맹국은 물론 북한의 호응도 얻지 못한 채 오히려 남한의 안보 능력과 태세를 약화시키고 북한 김정은의 핵과 미사일 개발 고도화의 시간만 벌어주는 결과를 초래해 한반도의 군사적 긴장 고조와 남한의 안보 위험을 가중시키는 상황을 초래했다는 비판을 받고 있다.

문재인 정부에 이어 출범한 윤석열 정부는 최악으로 치닫고 있는 남북관계의 정상화와 한 · 미 · 일 동맹 복원 및 약화되고 이완된 안보 대비 태세 강화라는 과제를 안게 되었다. 문재인 정부 5년간 북한의 핵과 미사일 개발이 한반도 안보를 심각하게 위협하는 상황에 도달했기 때문에 전쟁 억지를 위해서는 다음과 같은 안보 전략을 검토할 필요가 있다.

① 미국의 핵우산에 대한 확실한 실행력 보장 확보

※ 미국의 정권 교체와 무관하게 한미 운명공동체란 인식을 미국민과 한국인이 공유토록 환경 조성 중요.

② 북한의 핵 개발 상황에 따라 한국 내 전술 핵 배치나 운용 문제도 옵션의 하나로 검토 필요(중국을 통한 북한 핵 개발 억제 유인)

③ 북한의 국지적 도발에 대비해 한미 연합 군사훈련 및 한국군 독자 훈련 강화.

※ 과거 이명박 정부 당시처럼 북한은 접경 도서 지역에 대한 기습 도발 · 점령 후 주민 인질로 협상 요구 가능. 북한의 핵 · 미사일 보유를 고려할 때 한미가 전면전으로 확전을 감수하면서 응징 보복 곤란

④ 북한의 무인기(드론 등) 및 미사일 공격에 대한 대비 태세 강화

⑤ 한국 내 간첩과 체제 전복 세력 및 색출을 위한 국정원의 대공 수사 기능 복원

⑥ 국민 안보 의식 고취와 전쟁 · 테러 대비를 위한 훈련 및 유비무환 교육

결론적으로 그동안의 대북정책은 장기적인 전략 없이 정권의 성향에 따라 냉온탕을 반복하는 사이 북한 독재정권의 세습체제 유지와 핵과 미사일 개발을 진척시키는 시간만 벌게 해주는 결과를 초래했다. 특히, 대북 경협 확대와 같은 햇볕정책은 한반도 안보에는 한시적으로 기여했지만 한편으로 북한 독재정권 유지와 핵과 미사일 개발에 필요한 자금을 사실상 도와준 결과를 초래했다. 미국의 주도로 이루어진 UN의 대북 제재가 문재인 정부의 요구에도 불구하고 완화되기 어려운 이유도 여기에 있다.

북한의 어려운 대내외 경제 상황을 고려 시 북한은 불법적인 방법을 통한 외화 조달 없이는 핵과 미사일 개발을 지속하기는 어려울 것이다. 지난

수년간 UN과 미국의 강력한 대북 제재에도 불구하고 북한이 핵과 미사일 개발을 계속하고 미사일 도발을 할 수 있는 것은 제재 망을 회피한 불법적인 외화 조달이 여전히 가능하다는 점이다. 근래 한국 내 금융회사를 통한 수조 원 대의 대규모 불법 외화 송금에 대해 금융감독원과 검찰이 수사한 결과 가상화폐 차익을 노린 외환 송금으로 파악되었으나 외화 자금의 최종 귀착지가 어디 인지는 현실적으로 파악이 어렵다.

북한의 경우 해킹부대가 있을 정도로 세계적인 해킹 능력을 보유하고 있으며 최근에 북한의 외화벌이 수단으로 가장 주목받는 것이 가상화폐 해킹이다. 북한은 지난 몇 년간 전 세계 가상화폐 거래소나 투자회사를 해킹해 획득한 가상화폐를 대북 제재 망을 회피해 현금화한 자금으로 핵과 미사일 개발에 사용하는 것으로 추정된다. 최근 수년간 국내외 시장에서 가상화폐 거래 규모가 폭발적으로 증가하는 데 비해 투자자 보호와 감독이 뒤따라가지 못하는 것도 북한이 가상화폐 해킹을 쉽게 만들고 있다.

따라서 북한의 핵과 미사일 개발 자금 조달을 원천적으로 막기 위해서는 가상화폐 해킹 방지를 위한 국제적인 협력과 함께 가상화폐 거래소와 투자회사에 대한 해킹 방지 장치 의무화 및 정부 감독을 강화할 필요가 있다.

2.

각종 범죄와 사고로부터 안전한 나라

2-1. 학교 폭력, 성폭력, 묻지마살인에 관심 기울여야

폭력 · 강도 · 강간 · 절도 등 각종 범죄로부터 국민을 안전하게 지키는 것도 국가의 중요한 책무이다. 전 세계 해외여행객을 대상으로 한 국제 설문조사 및 경찰보고서 등을 토대로 2022년 세계에서 여행하기 안전한 나라를 조사한 바에 의하면 한국은 평점 82점으로 가장 안전한 나라 범주에 속한다.*

* 순위 점수는 0~100점이며, 66~100점은 가장 안전, 33~66점은 조금 안전, 0~33점은 위험으로 분류되며 한국보다 점수가 높은 나라는 29개국임. 세계적 인터넷 조사기관인 numbeo.com의 2021년도 각국의 범죄율을 토대로 세계에서 가장 위험한 나라 조사 결과에 의하면 우리나라는 조사 대상 135개국 중 115위에 해당할 만큼 치안이 안전한 나라로 평가받고 있다. 아시아권에서 한국보다 안전한 나라는 일본(127위), 타이완(134위)

이처럼 세계적인 조사기관과 해외 여행객을 대상으로 한국의 범죄율과 치안 상태에 대한 평가는 양호한 상태이다. 하지만, 우리 국민은 범죄 피해에 대한 불안을 느끼는 사람이 많고 여성이나 청소년들의 범죄 노출이나 밤거리 귀가 등에 불안을 느끼는 사람이 많다. 대표적인 사례가 여성에 대한 성폭력이나 청소년들의 학교폭력이다.

특히, 우리나라의 경우 신문이나 방송 등 언론에서 성범죄나 학교폭력을 과도하고 자극적으로 자세히 보도하고 있고 이를 인터넷과 스마트폰을 통해 SNS로 전달되고 있어 우리 국민이 실제보다 과도하게 불안을 느끼고 있다고 생각된다. 언론에서 흉악 범죄나 유명인의 자살 내용을 자세하고 자극적으로 보도할 경우 사회적으로 충격을 줄 수 있고 자칫 모방범죄를 유발할 수 있어 범죄나 자살 등에 대한 보도 준칙을 언론인들이 스스로 준수할 필요가 있다.

최근 우리나라에서 증가하고 있는 범죄 유형으로 관심을 기울여야 하는 분야는 청소년 학교폭력과 정신 장애로 인한 묻지마 살인, 성폭력이다.

청소년 학교폭력은 그동안 영화나 TV, 드라마를 통해서도 전 세계적으로 반향을 불러왔다. 학교폭력이 증가한 이유는 기본적으로 가정과 학교에서 자녀와 학생에 대한 교육과 지도의 부재에 기인한다. 학벌 지상주의, 금전만능주의, 지나친 경쟁사회로 인해 가정에서 올바른 자녀교육이 이루어지지 못하고 있고 학교도 학생들의 인성교육에 손을 놓은 지 오래되었다.

이 눈에 띄며 가장 위험한 나라로 베네수엘라(1위), 남아프리카공화국(3위), 브라질(10위) 등이 있고 선진국 중 프랑스(47위), 미국(56위), 영국(65위), 이태리(68위) 등이 우리나라보다 위험한 나라로 평가받는다.

묻지마살인의 경우 갈수록 증가하고 있는 정신질환자로 인해 발생하는바, 이에 대한 근원적 대책도 시급하다. 성추행이나 성폭력도 그동안 직장이나 업무상 상하관계에서 많이 발생하였는바, 근래 들어 국내외적으로 '미투' 운동으로 유명 정치인이나 예술계 · 연예계 인사들이 성추행 · 성폭력 사건으로 고소 · 고발되는 사례가 빈번하게 발생했다. 성추행 · 성폭력을 줄이기 위해서는 우리 사회에 널리 침투해 있는 각종 음란물 사이트로부터 청소년들을 보호할 수 있는 대책 마련이 시급하다.

각종 사고로부터 국민의 생명과 안전을 지키는 것도 국가의 중요한 임무다. 대표적인 것이 교통사고다. 우리나라의 경우 한때 세계 최고의 교통사고 사망률 발생국이란 오명을 얻었지만 근래 들어 교통사고 사망률이 계속 낮아지고 있다. 하지만 아직도 여전히 세계 하위권에 머물고 있어 개선이 필요하다. 도로 환경이나 교통단속시스템에 비해 교통사고 사망률이 높은 것은 운전자의 습관이나 문화가 영향을 미치고 있다고 본다. 빨리빨리 문화나 지나친 경쟁사회가 습관적으로 과속과 끼어들기를 유발하고 있고 특히, 대형 사고를 초래하는 화물차 교통사고의 경우 사고를 유발케 하는 구조적 요인을 분석해 대책 마련이 시급하다고 본다.

2-2. 대형 인명 사고, 왜 반복되나

산업현장에서 발생하는 각종 산업재해 사고도 우리나라가 OECD 국가 중 높은 수준이다. 산업재해 사망 사고를 줄이기 위해 2022년 1월부터 중대재해기업처벌법을 시행해 오고 있지만 중대 재해사고 감소율이 기대만큼 줄어들고 있지 않다. 중대재해기업처벌법은 산업안전보건법이라는 기존의 법이 있는데도 불구하고 산업현장에서 사망 사고가 발생할 경우 CEO까지 징역형으로 처벌할 수 있는 법으로 CEO 처벌이라는 극단적인 조치를 통해 산업재해를 줄여 보려는 취지에서 제정되었다.

하지만 국회에서 중대재해법이 제정되는 데는 그동안 중대재해 사건 원인이나 발생 유형 등에 대한 통계적인 분석에 기초하여 대책을 마련하기보다는 이천물류화재사건과 같은 대형 화재 사건 보도에 따른 국민 여론을 의식한 다소 즉흥적인 입법이라는 생각이 든다. 여기에는 과거 국내 한 연구기관이 작성한 보고서를 인용해 'OECD 산재 사망률 1위 국가'라고 한 언론이 보도한 내용을 검증 없이 그동안 국내 언론이 산재사고 발생 때마다 계속 인용·보도해 온 것도 영향을 미쳤다고 본다.*

중대재해처벌법이 산재 예방에 다소 도움이 되는 것은 사실이나 사고가 발생할 때마다 CEO에까지 형사책임을 가하는 것은 과잉 처벌로 국내 형법 체계에도 맞지 않고 글로벌 스탠다드에도 부합하지 않는다. 또한, 이에 따라 경제에도 많은 악영향을 미치고 있다. 따라서 중대재해처벌법 제정과 같은 과도한 처벌만으로 산재 예방을 줄이는 전근대적인 방식보다 그동안

* 2009년 산업안전보건연구원이 OECD 국가의 산업 재해 비교연구보고서에서 2006년 말 현재 한국의 산업재해 사망률이 10만 명당 20.99명으로 21개 OECD 회원국 중 가장 높았다고 발표하였는데, 보고서에서도 국가별 산업재해 지표를 산출하는 기준이 다룰 수 있음에도 보정하지 못했음을 명시하고, 국가 간 비교 용도로 사용하는데 제한점이 있음을 명시하였다.

의 산재 발생 원인을 분석하고 경제 · 사회 환경 변화 추이를 반영하여 산업현장에 맞는 과학적인 산업재해 예방대책을 수립하는 것이 바람직하다고 본다. 이런 점에서 현행 중대재해처벌법은 보완이 필요하다고 본다.

중대재해처벌법과 유사한 사례는 또 있다. 어린이 교통사고 사망률 세계 1위라는 언론보도와 함께 2019년 9월 어린이 보호구역(스쿨존)에서 교통사고로 사망한 김민식 군(당시 9세) 사고 이후 제정되어 2020년 3월 25일부터 시행된 일명 '민식이법'도 법 시행 후 3년이 되어 가지만 경직적인 속도 제한 규제와 과잉 처벌 논란으로 찬반 여론이 뜨겁다.
지난해 '민식이법'에 대한 사후 입법 영향평가 결과 어린이 교통사고 예방에는 효과가 있었지만, 경직적인 속도 제한 규제와 어린이 사망사고 시에는 무조건 3년 이상 징역형이라는 경직적 처벌 규정에 대한 반대 여론이 많았는바 이에 대한 합리적인 보완*이 필요할 것으로 생각된다.

이처럼 국민의 안전을 지키기 위한 국회와 정부의 대응은 필요하지만, 자칫 국민 여론이나 검증되지 않은 언론의 과잉보도에 휩쓸려 즉흥적으로 입법을 추진함에 따라 오히려 효과보다 부작용이 큰 사례도 빈발하게 발생하고 있는바, 사고 발생 시 철저한 원인 분석 후 대응 방안 수립과 처벌 순으로 절차를 밟아 갈 필요가 있다. 선진국의 경우 사고 발생 시 원인 분석에 상당한 시간과 인력을 투입해서 철저히 밝혀낸 후 그에 따른 대책(입법

* 어린이들이 학교에 있는 시간(오전 8시~오후 6시)과 무관한 시간까지 경직적인 속도 제한 규제에 대한 불만이 크다.

을 포함)을 수립하고 필요한 처벌을 하는 관행을 갖고 있다. 반면, 우리나라의 경우 사고 발생 시 원인 분석보다 여론을 의식한 책임 추궁이나 처벌부터 앞세우고 있다. 이에 따라 제대로 된 원인 분석과 이를 토대로 한 대책 마련 없이 여론에 휩쓸린 임기응변식 즉흥 입법이 이루어져 법 제정 이후에도 비슷한 사고가 되풀이되고 법 시행 후 각종 부작용도 발생하고 있다. 특히, 세월호 · 이태원 사고 등 대형 인명 사고 발생 시 선 원인규명 후 대책 마련 및 책임자 처벌이라는 처리 원칙에 대한 국민적 공감대 형성이 필요하다고 본다.

발생 원인과 책임 소재 규명 및 대책 마련은 1차적으로 정부 차원에서 이루어지고 국회는 진상 규명과 대책 마련이 미흡하다고 판단되면 2차로 국정조사나 특검을 추진하는 것이 바람직한 절차로 생각한다. 대형 인명 사고가 계속 발생하는 이유는 정부의 진상 규명이 이루어지기도 전에 정치권이 나서서 책임 공방과 책임자 처벌에 몰두하기 때문에 제대로 된 원인 규명이나 재발 방지 대책이 만들어지기 어렵고 시간이 흐르면 용두사미로 끝나 국민의 기억 속에도 정치 공방만 남아 재발 방지에 대한 교훈을 주지 못하기 때문이다.

책임자 처벌 문제도 정치적 공방에 몰두하다 보니 책임 소재 규명에 따른 합당한 처벌과 사고 피해자와 유족에 대한 국가배상이나 보상 문제가 국민의 정치적 성향에 따라 호불호가 달라지는 등 국민적 공감대 형성이 어렵다.

따라서 책임자 처벌이나 국가배상, 피해자 보상 문제는 정치권이나 시민단체가 개입하지 않고 사법적 절차에 따라 처리되도록 하는 것이 국민적 공감대 형성과 처리 절차의 공정성 확보에 바람직하다고 본다.

우리나라의 경우 과거 성수대교 붕괴 사고, 삼풍백화점 붕괴 사고, 대구 지하철 화재 사고, 부산 초량 지하차도 침수 사고 등 대형 인명 사고의 경우 사법적 절차에 따라 관련 공무원과 기업인들이 처벌받았고 피해자 유족들은 국가 배상과 보상을 받았다.

선진국의 경우 대부분 대형 인명 사고 발생 시 국회가 먼저 나서기보다 정부 차원에서 진상 규명 후 대책 마련 및 책임자 처벌 순으로 이루어지고 국회는 정부의 진상 규명과 대책을 보고 받은 후 논의하는 절차를 밟고 있다. 아울러 책임자 처벌과 배상 문제는 모두 사법적 절차에 따라 이루어지고 있다. 대형 인명 사고에 대해 정치권이 나서서 이를 지나치게 정쟁화할 경우 사고의 재발 방지 측면이나 책임자 처벌 및 유족 배상에 대한 공정성 확보 측면에서도 바람직하지 않다.

또한 유족의 아픔 치유나 국민의 정신적 건강이나 공감대 형성에도 나쁜 영향을 미칠 수 있다고 본다. 대형 인명 사고를 줄이기 위해서는 국가만의 노력으로는 어렵다. 중앙 정부와 지자체, 기업, 모든 국민이 공동체 구성원으로서 책임 의식을 갖고 노력해야 한다. 정확한 사고 원인 규명과 공정하고 신뢰할 수 있는 책임자 처벌과 보상만이 사고의 재발 방지와 사고 처리에 대한 국민적 공감대를 형성할 수 있다.

3.

삶의 질 향상

2023년 2월 통계청이 발표한 '2022 국민 삶의 질 보고서'에 따르면 우리나라 국민의 주관적 삶의 만족도*는 10점 만점에 5.9점으로 집계되었다. 이는 OECD 38개국 가운데 36위에 불과한 수준으로 OECD 평균치(6.7점)는 물론 인접한 일본(6.0점)보다 낮았다. 삶의 질은 국민의 행복에 중요한 영향을 미치는 요인으로 특히, 주관적인 삶의 만족도가 낮다는 것은 우리 사회가 건강하지 못하고 구성원 간의 신뢰가 낮고 포용이나 배려에 인색하다는 것을 보여준다.

* OECD 주요국의 삶의 만족 (2019~2021 평균)
터키(4.7), 콜롬비아(5.8), 한국(5.9), 프랑스(6.7), 미국(7.0), 덴마크(7.6), 핀란드(7.8)

3-1. 게임 · 스마트폰 중독, 기업의 사회적 책임 강화해야

우리 사회 구성원들의 행복 지수 총량을 높이기 위해서는 건강한 사회를 만드는 것이 중요하다. 건강한 사회를 위협하는 가장 큰 적은 각종 중독으로 인해 발생하는 사회적 병리 현상이다. 알코올 · 마약 · 게임 · 도박 · 스마트폰 중독 등 각종 중독 현상은 개인은 물론 가정과 사회를 병들게 함으로써 국민행복지수를 떨어뜨리는 주요 원인이다.

알코올 중독이나 도박 중독의 경우 근래 들어 정부의 지속적인 계몽과 단속으로 점차 감소하는 추세를 보인다. 과거 기업의 술 접대 문화와 직장 내 잦은 회식으로 알코올 중독자가 많이 발생했으나 근래 술 권하지 않는 사회 분위기로 인해 알코올 중독자가 감소하고 있다. 도박의 경우도 과거 국민 사이에 고스톱 열풍이 있었지만 다양한 취미와 레저문화로 인해 도박 중독자가 많이 줄어들고 있다.
반면에 최근 사회적 문제로 떠오르는 것은 마약과 게임, 스마트폰 중독 문제다. 특히 이들 문제는 젊은 층을 중심으로 확산하는데 심각성이 있다. 마약의 경우 근래 들어 연예인, 재벌 3세, 화이트칼라 등 젊은 층을 중심으로 국내 확산이 빠르게 이루어지고 있다.

통산 인구 10만 명 당 20명 미만 마약 혐의자가 있을 경우, '마약 청정국가'로 부르는데 우리나라의 경우 마약 혐의자 증가로 마약 청정국에서 벗어난 지 오래되었다. 그동안 국제 마약 조직이 마약 청정국이었던 한국을 마약 유통 경유지로 활용해 왔고 근래 인터넷이나 택배와 같은 비대면 거래를 통한 마약 유통이 확산함에 따라 단속에 어려움이 있었다.

윤석열 정부 들어 법무부와 검찰이 중심이 되어 마약 거래 단속과 마약 사범 검거에 총력을 기울이고 있는바, 단속과 처벌도 중요하지만, 마약 근절과 퇴치를 위한 대국민 홍보와 시민단체와 유명인을 중심으로 국민 계몽 운동을 병행해 나갈 필요가 있다. 게임 중독의 경우 청소년은 물론 성인들까지 근래 들어 게임 중독자가 증가하고 있다.

특히, 청소년의 정신 건강이나 사행성을 부추기는 게임에 대해서는 게임물 등급 심사를 엄격히 하는 등 규제가 필요하지만, 과도한 규제는 게임 산업 육성·발전 측면에서 볼 때 바람직하지 않은 양면성이 있다. 과거 게임 중독은 게임 전용기나 PC를 통한 게임 중독이어서 부모의 감시나 본인의 자각이 쉬웠으나 스마트폰의 확산으로 스마트폰을 통한 게임은 은밀히 이루어져 사실상 무방비 상태에 놓여 있고 본인도 자각하기 어려워 스마트폰 게임 중독은 침묵의 암살자로 불린다.

우리나라 초·중·고생의 대부분이 스마트폰을 사용하고 있어 스마트폰 게임 중독 문제는 청소년의 정신 건강과 각종 질병에 심각한 영향을 초래하고 있다. 세계보건기구WHO에서도 게임사용 장애IDC를 새로운 질병으로 분류하고 이에 대한 경각심을 높이고 있다. 게임 중독의 경우 청소년에게 많이 발생하지만, 성인도 중독으로 인해 자식을 굶겨 죽인 사건이나 범죄를 저지른 사건들이 증가하고 있어 이에 대한 대책이 필요하다. 게임 중독보다 우리 사회 전반에 더 널리 퍼져 있지만 심각성을 인지하지 못하고 있는 문제가 스마트폰 중독 문제다.

스마트폰의 경우 잘만 사용하면 인간의 생활을 편리하고 인간관계를 풍요

롭게 하지만 이를 오용, 과용하거나 중독될 경우 여러 가지 부작용을 초래할 수 있다. 특히, 현대 정보 사회에서 스마트폰을 통해 매일 접하는 수많은 정보의 홍수 속에서 나와 관련 없는 정보로 인해 분노하거나 적대감을 느끼거나 상대적 박탈감을 느끼기도 한다. 또한, 왜곡 · 조작되거나 거짓된 정보가 SNS로 확산되는 경우 더욱 심각한 사회문제를 초래할 수 있다. 지난(2020년) 조사 자료에 의하면 우리나라 국민의 23.3%가 스마트폰 과의존 위험군에 속한 것으로 밝혀졌다. 특히, 10세 미만인 아동의 과의존 위험군 비율은 27.3%로 전체 평균보다 4%P 높고 2016년과 비교해도 10%P 가까이 급증했다. 2020년 코로나19 발생으로 대면 접촉이 줄어들고 학교 교육이 비대면으로 전환되면서 스마트폰 사용이 늘어나 스마트폰 중독 현상은 더욱 증가하였을 것으로 추정된다.

게임 중독과 유사하게 스마트폰 중독의 부작용으로는 학습 능률 및 업무 효율 저하, 창의성 저하, 자아 상실, 사회적 인간관계 형성 약화, 수면장애, 거북목 증후군, 조기 노안 등 건강 장애, 각종 정신 질환 유발 등이 있다. 스마트폰 중독을 예방하기 위해서는 스마트폰 과다 사용을 경고하는 공익 방송이나 과다 사용 금지 문구를 스마트폰이나 포털 창에 의무적으로 표시토록 하는 방안을 검토해 볼 필요가 있다.
현재 주류나 담배의 경우 정부에서 과다한 음주나 흡연이 건강을 해칠 수 있다는 내용의 문구를 주류나 담배 제품에 표시토록 조치하고 있고 높은 세금을 부과해 소비 억제와 함께 조세 수입으로 알코올 중독이나 흡연으로 인한 건강 악화 등 질병을 치료하는데 소요되는 비용을 충당하고 있다. 스마트폰의 경우 술이나 담배와 달리 스마트폰 중독으로 인한 각종 질병 등 부작용에 따른 사회적 비용 증가에 대한 인과 관계가 널리 인식되지 않고 있어 정부에서 미온적으로 대응했다고 본다. 따라서 앞으로 스마트폰 중독을 유발하는 원인을 제공하는 스마트폰 제조사, 통신사, 네이버, 카카오 같은 포털사에 대해 스마트폰으로 인한 사회적 비용 증가를 부담시킬 방안을 검토할 필요가 있다. 즉, 스마트폰 중독 예방과 치료에 이들 기업이 적극적으로 나서도록 함으로써 기업의 사회적 책임을 다할 필요가 있다.

3-2. 쾌적한 환경 조성(대기 오염, 쓰레기 매립 문제)

쾌적한 환경은 인간의 행복에 중요한 요소다. 선진국으로 갈수록 삶의 질 측면에서 환경에 대한 국민적 관심과 국가적 투자 비중이 높다. 의식주 해결에도 벅찬 빈곤국이나 개발도상국 처지에서는 환경에 관심과 투자를 할 여력이 없을 것이다. 우리나라도 국민소득 만 불 이하의 개발도상국 시절에는 환경보다 경제 개발을 우선시하는 정책을 추진했다. 하지만 2만 불 시대를 지나 3만 불 시대에 접어들면서 생활환경에 관한 관심과 투자가 중앙정부는 물론 지자체 차원에서 증대되고 있어 상하수도, 도로, 공원, 공중시설 등 생활 인프라 면에서는 선진국 못지않은 수준에 도달했다고 본다.

다만, 대기오염 측면에서는 세계 공장이라 불리는 중국에서 들어온 오염된 먼지와 황사의 영향으로 대기질이 선진국에 비해 좋은 편이 아니다. 다행히 지난해는 중국의 제로 코로나 정책으로 인한 공장 가동 중단의 영향으로 우리나라 대기질이 최근 몇 년 중 가장 좋은 상태를 보였다.
생활환경과 관련해 앞으로 관심을 기울여야 할 분야는 대기질(깨끗한 공기) 분야와 생활 쓰레기 처리 문제다. 대기질 개선은 우리의 노력만으로 해결이 어려운 측면이 있지만 미세먼지를 줄이기 위한 자체 노력도 꾸준히 추진할 필요가 있다. 이를 위해서는 자동차 운송과 공장 가동에 있어 미세먼지 저감을 유도하기 위한 대책이 필요하다.
생활 쓰레기 처리 문제는 님비현상으로 인해 주민들이 자기 지역에 혐오시설 설치를 반대하고 있어 주민을 설득하는 과제를 안고 있다. 과거 원자력 폐기물 처리시설 설치 문제로 지역 시민단체를 중심으로 반대 운동이 전개되어 사회적 갈등을 초래한 바 있으나 국무총리실을 중심으로 부처 간 협조로 문제를 해결한 바 있으므로 이를 참고할 필요가 있다.

생활환경과 함께 기후변화로 인한 기상이변도 국민의 삶의 질과 안전에 많은 영향을 미친다. 기후 변화 문제는 범세계적으로 대처할 문제로 우리나라도 UN의 기후 변화 협약에 따른 각종 국제적 의무 이행 사항을 적극적으로 실행해 나가고 있다.
기후 변화 문제와 관련 최근 금융계와 산업계를 중심으로 ESG 운동이 확산하고 있는 것은 바람직한 현상으로 생각된다. 정부에서도 ESG 운동이 보다 확산할 수 있는 여건 조성을 위해 제도적 뒷받침이 필요하다.

3-3. 일과 삶의 균형(워라밸)

일과 삶의 균형(워라밸)은 근로자에게는 삶의 만족도를 높이고 직장에서는 생산성을 높일 수 있는 개념이다. 미국에서 시작되어 선진국을 중심으로 2000년대에 들어 본격 확산하였다. 애초 워라밸은 직장 생활의 질The quality of work life이라는 개념으로 시작되었다.

직장 생활의 질과 직결되는 것은 근무 시간과 노동의 강도이다. 김대중 정부 당시인 2002년에 주5일제를 우리나라는 일부 부처와 은행에서 시범으로 도입한 후 2011년에 5명 이상 모든 사업장으로 확대되었다. 이를 통해 '저녁이 있는 삶'과 불금놀토를 통해 여가도 즐기고 내수도 활성화하는 효과를 거둘 수 있었다. 하지만 우리나라의 경우 2020년 기준으로 OECD 국가 중 5위에 해당할 정도로 평균 근로 시간이 여전히 길다. 직장 생활의 질은 단순히 근무 시간이나 노동 강도뿐만 아니라 직장문화도 영향을 미친다. 예를 들어, 회식 강요나 휴가나 식사 시간, 퇴근 후 시간도 마음대로 쓰지 못하는 직장문화가 여기에 포함된다.

근래 들어 워라밸 분위기로 인해 직장문화도 권위주의에서 탈피하여 상당히 민주적이고 개방적으로 바뀌고 있다. 최근 여론조사에 의하면 젊은 층을 중심으로 10명 중 7명은 연봉보다 워라밸을 더 중시한다고 한다. 이런 분위기를 반영하여 일부 기업에서는 주 4 · 5일제를 도입하고 있다. 주 4 · 5일제나 주4일제 도입 같은 근무 시간제 변경은 기존의 임금체계에 변화를 초래하고 기업 경영과 노사관계에도 변화를 초래할 수 있어 정부가 획일적으로 추진하는 것은 신중할 필요가 있다.

주 5일제 도입으로 대부분 정규직 직장 근로자들의 경우 삶의 질이 향상되었으나 영세업체에 근무하는 저소득 근로자나 임시직 근로자, 자영업자들의 경우는 반기는 상황이 아니기 때문이다. 또한, 기업의 규모나 업종의 종류에 따라 고용주와 근로자의 Needs가 다를 수 있으므로 획일적인 시행보다 노사 간 합의에 따라 탄력적으로 운영할 수 있도록 하는 것이 워라밸 정신에 부합하고 경제에 미치는 부작용도 줄일 수 있다.

한편, 최근 정부가 주 52시간제의 탄력적인 운용을 위한 제도 개선안을 발표했으나 주 69시간제만 부각되어 자칫 장시간 근로를 정부가 강요하는 것으로 비쳐 발표 후 젊은 층을 중심으로 반발이 확산되었다. 정부도 민심에 놀라 연신 진화에 안간힘을 쓰고 있고 늘어나는 근로 시간에 대한 임금 및 휴가 등 보상 방안을 마련하고 있다. 이번 사안은 제도 개선안 마련과 발표 과정에서 소통을 통한 공감 노력이 부족했고 홍보 측면에서도 세심한 배려가 미흡했다고 본다. 몇 가지 관점에서 문제점을 지적하면

첫째, 일과 가정의 양립 문제 즉 워라밸은 근래 들어 젊은 층의 주된 관심 사항이고 저출산 문제와도 관련성이 크다. 고도 성장 시대 살아온 베이비붐세대와 달리 젊은 층은 돈이나 가족을 위해 장시간 근로하기보다 오히려 여가와 저녁이 있는 삶에 더 많은 관심을 갖는다. 이번 정부의 발표는 이런 젊은 층의 마음을 읽지 못한 소통과 공감 능력이 부족했다고 본다.

둘째, 근래 들어 정부의 정책발표에 앞서 전문가들이나 국민의 의견 수렴 절차가 소홀해진 사례가 빈발하고 있다. 이번 경우처럼 발표 후 비판 여론으로 보완하거나 후퇴하는 모습은 정부의 신뢰 하락은 물론 자칫 국민을 무시하는 모습으로 비칠 수 있다.

셋째, 주 52시간제 탄력 운용으로 근무 시간이 늘어나는 측면과 함께 주 4.5일제와 같이 근무 시간이 줄어들 수 있는 측면도 함께 국민에게 제시함으로써 OECD 국가 중 근로 시간이 많은 우리나라 근로자에게 장시간 근로를 강요하는 정책이 아니란 점을 부각시킬 필요가 있었다.

[7]
정치 선진화를 위한 정치 개혁

1.
정치 선진화없이 행복 선진국 어렵다

한국처럼 정치가 행정 · 사법 · 경제 등 모든 분야의 우위에 군림하는 구조 하에서는 정치 선진화 없이는 경제 · 사회 발전은 물론 국민의 행복 증진이나 삶의 질 개선을 보장하기 어렵다. 우리나라의 경우 5년 주기로 정권이 교체될 때마다 정권의 성향에 따라 국민 생활이나 기업 활동에 영향을 미치는 제도와 정책이 수시로 바뀐다. 또한, 정부나 공공분야는 물론 민간부문의 영역까지 정권 교체의 영향을 직 · 간접적으로 받기 때문에 국민이 정치권력의 변화에 민감하게 반응할 수밖에 없다.

특히, 근래 들어 정치권이 선거를 의식해 국민 편 가르기식 정책과 포퓰리즘 성향의 공약을 남발함에 따라 국민의 일상 삶에 정치가 지나치게 개입하는 정치 과잉 현상을 초래하고 있다. 이런 정치 과잉 현상은 우리 사회에 여러 가지 부작용과 폐해를 발생하고 있다.

우선, 국민 편 가르기식 정치로 인해 사회구성원 간의 신뢰가 훼손되고 있다. 단지, 자기와 정치지지 성향이나 정치이념이 다르다는 이유만으로 상대를 견원시하고 심지어 상대를 적대적으로 대하는 행태도 늘고 있다. 정치적 갈등으로 인해 우리 사회가 '만인에 대한 만인의 투쟁'으로 불신지옥처럼 되어 갈등과 대립의 골이 갈수록 깊어지고 있다. 계층 간 갈등, 젠더 간 갈등, 세대 간 갈등, 지역 간 갈등 등 현재 우리나라에서 발생하는 갈등의 상당 부분은 정치가 초래하거나 심화시킨 측면이 많다.

국민통합과 갈등 해결에 앞장서야 할 정치가 오히려 갈등을 조장하고 국민통합을 저해하는 암적 존재가 되어버린 것이다. 포퓰리즘식 정치로 인한 폐해도 심각하다. 선거 때마다 등장하는 포퓰리즘식 공약으로 국가재정의 건전성이 심각하게 훼손되고 풀린 돈이 부동산과 물가를 자극해 오히려 경제 불평등과 중산서민층의 고통을 증가시키는 요인이 되고 있다.

또한, 포퓰리즘식 정치는 국민의 건전한 시민의식을 손상하고 도덕적 해이를 증대시킨다. 국민이 매일 접하는 주요 뉴스의 상당 부분을 정치가 차지하고 그 대부분도 여야 간의 정쟁이나 정치스캔들이 차지하는 상황에서는 국민의 정치혐오나 불신이 증대할 수밖에 없다. 이러한 현상들은 정치가 국민의 행복 증진에 가장 큰 걸림돌이 되고 있음을 명확하게 보여주는 사례다.

2.

한국 정치, 무엇이 문제인가

2-1. 5류의 정치가 1류의 기업 위에 군림

이건희 회장은 1995년 중국 베이징에서 한국 특파원들과 가진 간담회에서 "한국기업은 2류, 행정은 3류, 정치는 4류"라고 국내 정치를 강하게 비판했다. 당시만 해도 경제 권력의 상당 부분을 행정부가 갖고 있어 정치권력이 경제에 미치는 영향이 지금보다 적었고 한국이 선진국 클럽인 OECD에 가입(한국은 1996년 12월에 가입)하기 직전이었다.
또한 한국 기업은 모든 분야에서 세계 일류 수준의 경쟁력을 보이지 못하고 있었다. 이 회장의 발언 이후 한국은 외환위기를 겪는 등 28년이 지났다. 그 사이 한국기업은 자동차 · 조선 · 반도체 · 가전 · 기계 · 전기차 배터리 등 많은 분야에서 세계 일류 수준에 올랐다. 경제 분야뿐만 아니라 문화 분야에서도 선진국다운 모습을 보이고 있다. 경제력을 바탕으로 음악·드라마·영화 등 많은 부문에서 전 세계가 놀랄 만큼 한류의 위력을 떨치고 있다.

이건희 회장이 발언한 28년 전만 해도 경제 분야에서 3류인 관료가 미치는 영향이 4류인 정치보다 컸었지만, 지금은 3류보다 4류인 정치의 영향이 훨씬 커졌다. 소위 경제 권력이 행정부에서 국회로 이전한 것이다. 경제 권력의 이동은 오래전부터 현장에서 감지되었다. 해마다 의원 입법이 정부 입법보다 늘고 있고 정부 주요 정책 결정권이 행정부에서 국회와 정당, 청와대로 이전되고 있다.

윤종용 전 삼성전자 부회장은 2022년 한국경제신문과의 인터뷰에서 이건희 회장의 1995년 베이징 발언을 상기하며 "기업이 1류로 올라서는 동안 관료(행정)은 3류에서 4류로, 정치는 4류에서 5류가 됐다."고 평가했다. 이처럼 한국의 모든 분야가 세계 일류 수준을 향해 나아가고 있는데, 반해 유독 관료와 정치의 수준은 후퇴하고 있다. 7년 8개월간 대한 상공회의소 회장을 역임한 박용만 전 회장은 국회가 규제 입법으로 경제의 발목을 잡는다고 비판하며 "정치가 그만 경제를 놓아 달라."고 읍소했다.

5류의 정치가 1류의 기업 위에 군림하는 풍토에서는 경제발전이나 기업의 경쟁력 향상을 기대하기 어렵다. 정권이 교체될 때마다 대기업들은 바뀐 정권의 눈치를 보거나 줄을 대려고 전전긍긍한다. 적폐 척결 등의 명분으로 전 정권 인사들을 수사하는 과정에서 애꿎은 기업인들만 옥고를 치르는 사례도 빈번하다. 이런 풍토에서 기업인들이 치열한 세계 경제 전쟁에서 한눈팔지 않고 살아남기가 쉽지 않을 것이다.

정치가 기업 위에 군림하는 형태는 주로 사회주의국가나 독재국가, 후진국에서 흔히 나타난다. 중국의 경우 시진핑 집권 이후 기업에 대한 정부의 통제가 갈수록 강화되고 있고 정부의 눈에 벗어나면 세계적인 기업이나 기업주(알리바바의 마윈 회장 등)도 한순간에 추락할 수 있음을 종종 볼 수 있다. 러시아도 기업과 정부 간의 정경유착이 심하고 기업이나 기업인의 흥망성쇠가 집권자인 푸틴의 손에 달려 있음을 보여주는 사례가 많다.
아프리카나 아세아 · 중남미 후진국에서도 정치권력이 기업 위에 군림하는 사례가 많다. 이들 국가는 정부의 각종 이권과 허가권을 통해 기업을 통제하고 이에 따라 기업과 정치권력 간의 부패사슬이 만들어지고 있다. 우리나라와 같이 자본주의 시장경제를 지향하는 선진 민주국가에서 정치가 기업 위에 군림하는 사례는 흔치 않다.

과거 우리나라도 개발독재 시대에 정부 관료들이 각종 인허가권을 행사하여 기업 위에 군림했으나 경제 민주화와 자유화, 개방화로 기업규제가 대폭 완화되고 경제의 주도권이 정부에서 민간으로 이전되어옴에 따라 정부의 권한이 약화되었다. 하지만 근래 들어 다시 국회를 중심으로 규제 입법이 증대하고 있다. 특히, 문재인 대통령 집권 기간 동안 거대 여당의 입법독주로 인해 규제 입법이 대폭 증가했고 청와대와 정부의 장차관직에 정치인들이 대거 기용되면서 정치권력의 경제 군림 현상이 심화되고 있다.

2-2. 경제를 경제 논리보다 정치 논리로 운영

경제정책 운용은 철저히 경제논리로 운용해야 정책의 성공 가능성과 효율성을 높일 수 있다. 하지만 때론 정치지도자들이 선거를 앞두거나 재임 중 지지율을 의식해 경제에 정치논리를 개입시킨다. 역대 정권 중 경제 운용에 정치논리를 가장 배제한 정권은 아이로니컬하게도 직업 정치인이 대통령이 된 김대중 정권이다.

물론 IMF 외환위기라는 국내적 상황이 있었지만 경제 논리에 가장 충실히 경제를 운영해 외환위기를 조기에 극복하고 한국경제 체질을 선진화시키는 계기를 만들었다는 평가를 받는다. 반면 경제 운용에 정치 논리를 가장 많이 개입시킨 정권은 문재인 정부다. 정책을 주도하는 당 · 정 · 청 주요 인사들의 면면만 보아도 정치 중립적이고 이념색이 없는 관료나 경제전문가들을 찾기 어렵다. 경제 운용을 좌지우지하는 주요 인사들의 성향이 정치적이고 이념적이며 경제 전문 지식이 떨어지다 보니 경제가 경제 논리대로 운용되기가 근원적으로 어렵다.

이런 이유로 지난 정부 5년간 발표된 각종 경제정책은 경제 논리보다 정치 논리가 많이 개입되었다. 대표적인 사례가 부동산 정책 실패다. 문재인 정부 들어 26차례 발표된 부동산 대책에도 불구하고 집값과 전 · 월세는 천정부지로 상승해서 역설적으로 그 피해는 국민 대다수를 차지하는 중산 · 서민층에게 돌아갔다. 그동안 언론 등에서 지적한 부동산 대책의 실패 원인은 크게 3가지 측면으로 볼 수 있다.

첫째, 표를 의식한 정치 논리 개입이다. 집 있는 자 vs. 집 없는 자, 강남 vs. 비강남, 다주택자 vs. 1주택자라는 편 가르기식 이분법적인 정치 논리 개입이다. 부동산 정책이 '수요와 공급'이라는 경제 논리보다 선거를 의식, 표가 많은 쪽의 환심을 사기 위해 표가 적은 쪽에 대한 각종 규제책을 남발함에 따라 공급위축으로 인한 부동산 가격 상승을 초래하여 그 피해는 오히려 표가 많은 중산 · 서민층에게 돌아갔다. 결과적으로 대선에 패한 가장 큰 요인이 되었다.

둘째, 부동산 정책을 주도하는 사람의 면면을 보면 정치인이거나 과거 노무현 정부에서 부동산 정책 실패를 초래한 시민단체 출신이다. 부동산 전문가나 부동산 정책을 오랫동안 담당해 온 직업 관료들은 정책에서 소외되었다는 점에서 시작부터 실패가 예견되었다고 볼 수 있다.

셋째, 국민 여론과 과거 실패 사례를 무시한 오기 정치가 정책 참사를 초래했다. 전문가와 여론은 규제 완화를 통한 공급 확대를 계속 외치는데도 과거 노무현 정부 때 부동산 가격 상승 억제에 실패한 정책(종부세, 양도세 등 세금강화)을 그대로 답습하는 등, 수요 억제책을 계속 고집했다. 부동산 정책 말고도 경제 논리보다 정치 논리나 이념이 개입해 정책 실패를 초래한 사례는 부지기수다.

대표적 사례만 열거하면, 탈원전 정책, 소득 주도 성장 정책, 반기업적 규제 정책(기업 규제 3법, 타다 규제법, 중대재해처벌법 등), 임대차 3법, 대형마트 영업규제 등이 있다. 경제 논리보다 정치나 이념에 치우친 경제정책이 빈번한 이유는

첫째, 정책 결정의 주요 위치에 있는 당 · 정 · 청의 주요 인사들이 정치인,

시민단체 출신, 운동권 출신들로 구성되어 전문성과 경험이 떨어지고 정책 결정이 정치나 이념 성향에 좌우될 소지가 크다.
둘째, 견제와 균형이 사라져 잘못된 정책을 막거나 수정 · 보완하기 어렵다. 거대 여당의 독주를 야당이 견제하기 어렵고 정책 결정 과정이 하향식이어서 해당 부처 의견이나 전문가 의견이 무시되기 때문이다.

2-3. 시민단체 · 운동권 출신의 정치 권력 지향

한국 정치의 문제점 중 하나가 이념 편향된 시민단체나 운동권 출신의 정치 참여다. 시민단체 운동은 건전한 사회개혁을 주도하고 시민의 입장을 대변해서 정부의 잘못된 정책을 비판 · 견제하는 면에서 긍정적 평가를 받고 있지만 시민단체 출신이 직접 정부 내각이나 청와대에 참여하는 것은 시민단체 운동의 본질이나 취지에 비추어 바람직하지 않다.

특히, 순수한 시민운동가 출신이 아닌 특정 이념에 편향된 시민단체 출신이 정부의 내각이나 청와대에 참여해 정책 결정을 주도하는 것은 더욱 바람직하지 못하다. 또한, 학생 운동권 출신의 정치 참여 자체는 문제가 없으나 행정 경험이 없고 특정 이념에 편향된 운동권 출신이 정부나 청와대 요직에 진출해서 정부 정책을 주도하는 것도 바람직하지 못하다.

역대 정권에서도 보수 · 진보정권을 가릴 것 없이 학생 운동권 출신이나 시민단체 출신이 내각이나 청와대에 참여한 적이 있으나 문재인 정부 들어 가장 빈도가 높다. 특히, 이들이 관료들을 제치고 정책 결정을 주도한 사례는 과거 정권에서는 볼 수 없었다.

노무현 정부에서도 시민단체나 운동권 출신이 많이 참여했으나 시간이 흐를수록 정책 결정의 주도권을 관료들이 되찾았다. 문재인 정부의 정책의 상당 부분은 특정 이념에 편향되고 행정 경험과 전문성이 떨어진 시민단체나 운동권 출신 정치인들이 주도했다. 이들은 글로벌 추세에 맞지 않는 낡고 편향된 이념에 치우친 정책을 밀어붙여 오히려 경제적 부작용만 심화시켰다. 또한, 이들이 정부 요직에 들어가면서 신상에 대한 정치적 검증공세가 강화되고 도덕성에 흠집이 발견되면서 과거 시민단체나 운동권 출신의 순수성과 도덕성을 훼손하고 '내로남불'이라는 여론의 비판을 받게 되었다.

2-4. 직업 공무원의 정치적 중립성 훼손과 사기 저하

한국 경제가 해방과 6·25전쟁을 거쳐 폐허 속에서 70년이라는 짧은 기간에 세계 경제 10대 강국에 오르는 기적을 이룬 데는 국민들의 희생과 노력이 있었지만 그 가운데 직업 공무원들의 헌신과 기여도 결코 무시할 수 없다.

1960년대만 해도 한국보다 잘 살았던 대부분의 개발도상국들이 아직도 1인당 1만 달러 이하의 국민소득 수준에 머물고 있는 이유는 정치지도자들과 이를 뒷받침하는 직업 공무원들의 무능과 부패에 원인이 있다. 반면 한국의 직업 공무원들은 정권교체로 다양한 성향의 정치지도자를 거치면서도 흔들림 없이 경제를 선진국 반열에 오를 수 있게 하는 조력자 역할을 충실히 해왔다. 역대 어느 대통령도 시간이 흐르면 직업 관료에 포섭된다는 이야기를 들을 만큼 직업 공무원들이 유능했고 직무에 공복의식과 사명감을 갖고 있었다.

하지만 시간이 갈수록 정책 결정 과정에서 정치인과 학자, 시민단체 출신의 입김이 강해지는 반면 직업 공무원들의 역할과 입지가 좁아지고 있다. 과거에는 중요한 정부정책들이 행정부 내 직업 공무원들이 마련한 안을 토대로 청와대에 보고 후 언론에 발표하고 시행하였다. 물론 입법 사항은 정부입법으로 추진해 국회심의를 거쳐 통과 후 시행하였다.

이처럼 정책 입안부터 최종 집행에 이르기까지 직업 공무원들이 주축을 이룬 내각이 주도하였고 직업 공무원들도 자신들이 정책 결정을 주도했다는 자부심과 소명감이 컸었다. 이런 이유로 민간으로부터도 권위를 인정받았다. 하지만 문민정부를 거쳐 현재에 이르기까지 정권마다 정도의 차이는 있지만 직업 공무원들의 권위와 역할은 갈수록 쇠락해졌다.

가장 큰 요인은 선거공신들이 대거 청와대와 내각에 진출함에 따라 이들이(흔히 '어공'이라 부른다) 정책의 주도권을 행사하고 직업 공무원들은 이들을 뒷받침해주는 조력자 신세로 전락하게 된데 있다. 선거공신들의 대부분은 기본적으로 정치지도자나 정권과 운명을 함께하는 사람들로서 국가의 이익보다 정치지도자나 정권의 이익을 우선시 하는 경향이 있다.

이런 점은 정권보다 국가의 이익을 중시하는 직업 공무원들과 태생적으로 차이가 있다. 5년마다 대통령 선거를 치르고 4년마다 총선과 지방선거를 치르는 상황에서 선거 공신들은 직업 공무원들과 달리 선거를 의식하지 않을 수 없다. 만약, 선거 공신들이 청와대나 내각에서 직업 공무원들을 제치고 정책 결정을 주도하게 된다면 그 정책들이 과연 국가나 국민의 이익을 위한 최선의 정책일지, 지속가능한 정책일지, 아니면 당면한 선거를 위한 임시방편의 정책일지 의문이 들 수밖에 없다.

선거 공신들이 내각이나 청와대의 주요 자리를 차지하고 주요 정책들을 주도하면서 자신들이 주도하는 정책에 미온적이거나 비협조적인 직업 공무원들에게 불이익을 주는 사례도 늘면서 직업 공무원들의 정치적 중립성이 훼손되고 소신 없고 눈치 보는 소위 '복지부동형' 공무원들이 늘어나고 있다. 특히, 근래 들어서는 전 정권에서 요직을 맡았다는 이유나 지역적 성향을 이유로 인사상 불이익을 받는 사례가 늘어남에 따라 직업 관료들이 선거를 앞두고 정치판에 줄서기 하는 행태도 늘어나고 있다. 또한, 적폐청산의 명목으로 전 정권에서 주요 보직에 복무했던 공무원들이 감사원 감사나 수사까지 받게 되는 사례도 늘고 있다.

직업 공무원들의 정치적 중립성 훼손과 사기 저하는 아래와 같은 이유로 국가발전에 엄청난 경쟁력 약화를 초래할 수 있다.
첫째, 국가의 미래나 백년대계를 바라보는 중장기 정책 마련이 소홀해지고 선거를 의식한 인기 영합식 단기 정책만 성행할 수 있다. 예를 들어, 저출산 대책이나 산업경쟁력 강화대책, 재정 건전화 대책 같은 중장기 대책이나 연금개혁 · 교육개혁 같은 인기 없는 구조개혁보다 일회성 일자리 만들기나 복지정책 같은 국민인기에 영합하는 돈 풀기식 시혜 정책에만 관심을 가질 수 있다.
둘째, 직업 공무원들의 복지부동 현상이 심화되면 새로운 개혁과제나 창의적인 업무보다 기존의 행정을 답습하려는 무사안일로 흐르기 쉽다. 규제완화가 어려운 이유도 여기에 있다.
셋째, 유능한 직업 공무원들은 공직을 떠나고 무능하고 소신 없는 공무원들만 남게 되어 정책과 행정서비스의 질 저하가 예상된다.
넷째, 정부 정책에 대한 국민의 신뢰 저하를 초래할 수 있다. 정권교체로 전 정부가 추진한 정책이 수시로 변경되고 내각이 발표한 정책이 국회 문턱을 넘지 못해 무산되는 사례가 자주 발생하면 정부 정책에 대한 국민의 불신이 증대될 수 있다. 이는 기업 투자 등 경제활동을 위축시켜 경제 활성화를 저해하는 요인으로 작용한다.
다섯째, 공무원의 권위 상실은 국가 정책 전반에 대한 권위 추락을 초래한다. 정권교체시마다 경력이나 경험이 없는 공신들이 내각이나 청와대 고위직을 꿰차면서 고위공직에 대한 권위가 떨어지고 있고, 이들이 자기 입맛에 맞는 직업 공무원들만 중용함에 따라 공직사회 내에서도 조직에 대한 권위를 인정하지 않는 분위기가 확산하고 있다.

대통령 중심제 국가인 미국도 엽관제에 따라 선거에 참여한 인사들이 백악관이나 내각에 고위직으로 등용되지만 오랜 기간 철저한 검증 절차를 거쳐 임용되기 때문에 우리나라처럼 경험이나 자질 면에서 문제가 제기되지 않고 있다. 또한, 정권이 교체되더라도 중하위직 직업 공무원들은 흔들림 없이 소신 있게 일을 할 수 있는 분위기가 형성되어 있다.

2-5. 재벌 길들이기와 관치 · 정치 금융

정치 우위의 한국 사회에서 나타나는 특징 중 하나가 재벌 길들이기와 관치금융이다. 과거 정부 주도의 개발독재 시대에는 정부가 각종 정책 수단이나 인허가권을 행사해서 금리 · 환율 등 시장경제 변수나 기업과 금융회사의 경영에 간섭했다. 당시 기업의 흥망성쇠는 정부의 정책과 규제에 크게 영향을 받았고 금융회사는 정부가 지분을 소유해 인사에 개입할 뿐 아니라 통화금융정책을 통해 경영에 간접 개입했다.

1980년 후반 이후 경제 민주화와 금융 자율화 · 개방화로 경제운용이 정부 주도에서 민간 주도로 바뀌고 외환위기 이후 민간 주도의 경제 운영이 더욱 가속화되었다. 하지만 민간 주도의 시장 경제 체제하에서도 정부의 '보이지 않는 손'에 의한 민간 부분의 개입은 계속됐다. 특히, 포지티브 규제시스템을 근간으로 정부는 새로운 사업이나 분야에 대한 규제 권한을 갖고 있어 이를 통해 민간 부분에 대한 영향력을 여전히 행사하고 있다.

역대 정권에서 재벌과의 정경유착 문제로 대통령을 포함해 많은 정치인과 공무원, 기업인들이 옥고를 치렀다. 그럼에도 불구하고 정치권력의 재벌 길들이기식 정경유착은 사라지지 않고 있다. 특히, 경제 권력이 행정부에서 입법부로 넘어가면서 전문성이나 행정 경험이 적은 정치인들에 의한 민간 개입이 증대하고 있다. 정치인들은 직업공무원들과 달리 정치적 성향이나 선거 승리를 위해 정책에 개입하기 때문에 기업규제 정책이나 금융규제 정책이 이런 영향을 더 많이 받을 수밖에 없다.

정권이 바뀔 때마다 과거 정부의 정책이나 비리를 수사하는 과정에서 기업인들이 연루되어 옥고를 치르는 경우가 많다. 대표적인 사례가 삼성의 이재용 부회장이다. 대한민국 경제에 막중한 비중을 차지하는 글로벌 기업의 총수가 회사 문제보다 정치적 사안에 연루되어 장기간 곤욕을 치른 것이다.

최근 재벌의 정경유착 문제는 기업인이 이익을 얻기 위해 자발적으로 뇌물을 공여한 경우보다 정권의 눈에 밉보여 탄압이나 불이익을 받지 않기 위해 어쩔 수 없이 강요받는 경우가 대부분이다. 우리 경제가 선진화되고 민간 주도의 시장경제 체제로 전환되었다고 하지만 여전히 대기업들은 정치권의 눈치를 볼 수밖에 없고 혹시라도 정권의 눈 밖에 날까 전전긍긍한다.

특히, 친노조 · 반기업 성향을 보인 인사들이 많이 포진한 더불어민주당이 거대 여당이 되어 입법 독주를 하면서 대기업들이 국회의 입법 동향(특히 더불어민주당)에 대한 정보수집에 신경을 곤두세우고 있다.

최근 대기업들이 국회의원 보좌관 출신이나 판 · 검사 출신 변호사 영입을 확대하고 대형 로펌에 입법 컨설팅을 의뢰하는 것도 한국 사회에서 정치권력에 대한 기업경영 리스크가 크다는 점을 보여준다.

관치 · 정치 금융 문제도 여전하다. 금융 자율화와 민영화로 오래전에 금융회사의 경영이 자율화되었으나 '보이지 않는 손'에 의한 규제가 여전히 작동하고 있다. 특히, 외국인들이 지분을 절반 이상 보유하고 있어 사실상 주인 없는 금융회사*처럼 운영되는 금융지주회사의 회장은 정권 교체 시마다 지배구조가 흔들리는 사례를 종종 볼 수 있다. 이런 상황에서 금융회사들이 정권이나 금융당국의 눈치를 보지 않을 수 없다.

특히, 금융 산업은 금융당국의 인 · 허가와 감독을 받는 대표적인 규제 산업으로 정치권이나 금융당국의 정책과 감독에 따라 금융회사의 손익에 영향을 미치고 심지어 CEO의 신상에도 변화를 초래할 수 있다. 선거철이 다가올 때마다 정치권이나 정부가 자영업자나 중산 · 서민들의 금융비용 부담을 줄여주기 위해 금융회사들에게 카드수수료 인하나 예대마진 축소 등을 요구하는 것이 대표적인 사례다.

국책금융기관이나 금융공기업의 경우 정권교체가 될 때마다 고위직의 자리가 교체되고 민간금융단체인 협회장 선출에도 정치권이나 금융당국의 입김이 미치는 경우가 종종 있었다. 우리나라 금융 산업이 경제력에 비해 상대적으로 낙후된 원인도 관치 · 정치 금융이 초래한 측면이 크다. 금융 CEO들이 금융당국이나 정치권의 눈치를 살피느라 금융 산업의 장기적인 발전에 노력하기보다 자리보전에 급급해 단기성과에 목매기 때문이다.

* 금융지주 회장들이 주인 없는 회사인 점을 악용하여 셀프 추천으로 구성된 이사회를 통해 장기 집권하거나 계열사를 거느리고 황제 경영하는 문제점도 지적되고 있다.

3.

한국 정치의 선진화, 어떻게 만들 것인가

'정치가 바뀌어야 경제가 바뀌고 국민의 행복도 커진다.'

우리나라처럼 정치가 행정 · 사법 · 경제 · 문화 등 모든 분야 위에 군림하며 영향력을 행사하는 나라에서는 정치변화 없이는 경제발전은 물론 우리 사회 전반의 선진화를 도모하기 어렵다. 특히, 우리나라 정치제도는 '87년 6·29선언으로 도입된 대통령 5년 단임제 및 국회의원 소선거구제 이후 35년간 변하지 않았다.*

* 경제 등 정치를 제외한 다른 분야는 외환위기나 글로벌 금융위기, 4차 산업혁명과 디지털 시대 도래, 인구 구조변화로 많은 변화를 초래하였다.

UN이 발표한 국가별 행복 지수 순위에서 항상 최상위권을 차지하는 북유럽 국가들의 공통점은
① 정치가 특권화 되거나 군림하지 않고
② 정치가 국민의 일상이나 경제활동에 크게 영향을 주지 않고
③ 국민이 정치 과잉 사회로부터 벗어나 탈 정치화되어 있다.
이런 점에서 한국 정치의 선진화의 방향은 북유럽 국가들을 모델로 삼아 개선 방안을 모색하는 것이 바람직하다고 본다.

3-1. 국민 통합과 지속 가능한 발전을 위한 정치 제도 개혁

대통령 5년 단임제→4년 중임제
국회의원 소선거구제→중대선거구제

한국의 사회적 신뢰수준이 낮은데 가장 큰 영향을 미친 부분이 정치이다. 지역갈등, 이념갈등, 남녀갈등, 세대갈등, 빈부갈등 등 사회적 갈등의 원인을 분석해보면 정치가 상당 부분 원인을 제공했다. 4년마다 치러지는 지방선거와 국회의원 선거, 5년마다 치러지는 대통령 선거 때마다 갈등을 선거에 이용하는 선거 전략도 국민 분열과 대립을 심화시켰다.

5년 단임 대통령제하에서 역대 대통령들은 정권 초에는 전임 정권의 흔적 지우기와 차별화를 추진하고 정권 후반기로 가면 레임덕에 빠져 실질적으로 자신의 공약과 정책을 실현하는 시기는 취임 2~3년 차에 불과하다.

이에 따라 사회적 갈등 해소와 같은 어렵고 인기 없는 힘든 과제는 뒤로 미루고 단기적으로 성과가 날 수 있는 과제나 선거 때 자신을 지지해준 지지층을 중심으로 국정을 운영하기 때문에 단임제 대통령제는 사회적 갈등 해소에 구조적으로 한계가 있다.

지역별로 한 명씩 국회의원을 뽑는 소선거구제도도 지역갈등을 심화시키는 요인으로 작용해왔다. 호남지역과 영남지역에서 각각 특정 정당이 몰표를 얻어 의석을 휩쓸어 지역갈등을 심화시키고 양당제를 고착화하는 요인으로 작용했다. 한국 정치는 대통령 5년 단임 직선제와 국회의원 소선거구제 시행 이후, 거대 양당제로 운영되면서 정권교체와 의회 권력 교체를 반복해왔다. 그때마다 대통령과 제1야당이 다음 대선과 총선을 염두에 두고 대립해왔고, 특히 제1야당이 다수당일 경우, 사사건건 국정의 발목을 잡는 대립과 반목의 정치를 되풀이해왔다.

특히, 문재인 정부 때 거대 여당이 된 더불어민주당의 경우, 의석을 이용해 야당을 무시하는 입법 폭주를 계속해왔고, 윤석열 정부 집권으로 야당이 된 후에도 거대 야당으로 정부 정책의 발목을 사사건건 잡고 있다.

양당제 하에 치러지는 소선거구제는 선거가 인물 위주보다 정당 위주로 치러지는 경향이 있어 양질의 전문성 있는 사람보다 지역 활동이 많고 공천권자에 충성하는 자를 중심으로 국회의원을 배출하기 때문에 보스정치의 폐단과 함께 국회의원의 자질 문제도 초래한다.
의원내각제를 채택하는 서구 선진국의 경우, 다당제 하에 다수당이 다른 소수정당과 연합하여 내각을 구성한다. 때문에, 야당의 국정 발목 잡기 현상이나 정당 간의 대립과 반목이 우리나라처럼 심하지 않다. 또한, 국회의원 구성에서도 전문성과 다양성이 반영된다.

대통령제를 채택하는 미국의 경우, 중임제를 채택하고 의회도 상하원 양원제를 도입하고 있어 우리나라와 같은 극심한 여야 간 반목과 대립이나 대통령 단임제로 인한 부작용도 적다. 이처럼, 5년 단임 대통령제와 소선거구제는 양당제의 부작용인 대립과 갈등을 심화시키고 국정운영의 연속성과 안정성을 저해하고 선거 경험은 없으나 각 분야에 전문성이 있는 양질의 인재의 정치 등용을 가로막는 요인으로 작용한다.

특히, 5년 단임 대통령제와 협치를 기대하기 어려운 양당제하에서는 국가의 지속 가능한 발전을 위한 중장기 과제나 인기 없고 고통이 수반되는 구조개혁(연금 개혁, 노동 개혁 등)은 추진하기 어렵다. 그동안 한국 정치는 정치가 국민통합에 이바지하기보다 국민 분열과 사회갈등을 조장하는데 앞장섰다고 해도 과언이 아니다.

선거 때마다 후보들이 중도층의 표심을 얻기 위해 통합의 정치구현을 국민 앞에 약속했지만 실현된 적이 없는 것은 우리나라 정치제도에 근본적인 원인이 있다. 문민정부 출범 이후 30여 년간 거대 양당이 거의 절반씩 번갈아 가며 정권을 잡았지만 다양한 사회갈등 해소와 국민통합에 성과를 보이지 못했다.

따라서 대한민국의 지속가능한 발전과 사회적 신뢰 제고를 위해서 현행 국회의원 소선거구 제도를 중대선거구제도로 개편하고 대통령 5년 단임제를 4년 중임제로 바꾸는 개혁방안을 여야가 합심해서 하루빨리 추진할 필요가 있다. 이러한 정치개혁이 이루어지기 위해서는 기득권의 포기가 필요하다.

국회의원 선거제도 개편은 현행 소선거구제에서 기득권을 누려온 영·호남의원들의 반발이 거셀 수 있다. 특히, 영남의 의석 비중이 호남보다 큰 집권여당 입장에서 정치 공학적으로 수용하기 어려울 수도 있다. 총선을 불과 1년여 앞둔 시점에서 국회의원 소선거구제 개편은 현실적으로 어렵다고 생각되지만 선거 시 총선 공약으로 제시한 당이 다수당이 될 경우, 대통령 중심제와 국회의원 선거제도 개편을 추진할 수 있다고 생각된다.

3-2. 국회의원이 갖고 있는 과도한 특권 폐지

우리나라 국회의원들은 북유럽국가는 물론 다른 선진국 의원들과 비교할 때 과도한 특권을 누리고 있다. 현재, 우리나라 국회의원에게는 대략 200여 개 특권을 주는데 이 가운데는 국회 입법 활동 지원목적을 벗어난 특혜성 지원이 많다.
예를 들어, 해외 출장 시 출입국심사 특혜나 공항 귀빈실 이용, 연 2회 이상 해외 시찰 국고지원, 국유철도 및 비행기, 선박 무료 이용, 골프장 이용 시 사실상 회원 대우, 18대 국회의원까지 일정 기준에 해당하는 사람에게 헌정 지원금 명목으로 월 120만 원 지급 등이다.

북유럽국가 의원들의 경우 우리나라 국회의원이 가진 각종 특권을 대부분 갖고 있지 않다. 국회의원 1인당 국가 예산지원 규모만 봐도 이들 나라에 비해 우리나라가 몇 배나 크다. 우리나라 의원들의 특권이 많아진 것은 권위주의 시대에 만들어진 산물이고 여야 정치권이 셀프특권 부여를 위해 국민감시를 피해 타협해온 결과다. 따라서 북유럽 국가를 포함 선진국의 의원들과 비교해서 과도한 특혜성 지원은 모두 폐지할 필요가 있다.

그동안 특권이 많아진 것은 국회가 국민의 감시를 피해 셀프특권을 부여해온 측면이 많은 만큼 국회의원 스스로의 권한이나 대우에 관한 입법을 할 때 국민 여론 수렴 절차*를 반드시 거치도록 할 필요가 있다.

현행 국회의원 특권 중 불체포특권과 면책특권도 과도하게 남용되는 사례가 있는 만큼 남용을 방지할 장치 마련이 필요하다. 또한, 국회의원이란 직을 이용해 권한을 남용하거나 국민에게 군림하는 행위를 감시하기 위해 시민감시단의 활동을 활성화할 필요가 있다.

국회의원 특권을 없애면 국회의원 선거에 생계형 국회의원이나 특권을 누려보기 위해 또는 특권에 중독된 국회의원 대신 국민에게 봉사하려는 국회의원들이 나서게 될 것이므로 국회의원에 대한 국민의 인식도 개선되고 자질 수준도 향상될 것이다.

* 예시: 국민 상대 공청회 2회 이상, 6개월 전에 언론들을 통한 사전 입법예고 의무화.

3-3. 헌법에 네거티브 규제 원칙 명시해 입법 남용 방지

정부 입법시스템이나 국회의 입법시스템을 포지티브에서 네거티브 시스템으로 전환하면 국회나 행정부가 국민 생활이나 기업 활동에 미치는 과도한 간섭이나 영향을 원천적으로 배제할 수 있다.

네거티브 규제의 큰 원칙은 헌법에 선언적으로 명시하는 것이 바람직하다. 예외적으로 규제가 필요한 부분은 헌법에 큰 방향을 설정하고 헌법의 범위 내에서 개별 입법에서 규제할 구체적 내용을 규정할 필요가 있다.

4차 산업혁명과 디지털시대를 맞아 정부나 국회가 법으로 경제활동이나 국민의 일상생활을 일일히 규제하는 것은 가능하지도 않고 바람직하지 않다. 법으로 모든 것을 규제하고 지원할 수 있다는 입법 만능주의 사고는 시대착오적이다. 네거티브 시스템으로 국가 입법체계를 전면 전환하면 그동안 대형 사고가 터질 때마다 정치권을 중심으로 즉흥적으로 만들어진 누더기 같은 많은 규제악법을 재정비할 수 있는 계기가 될 수 있다.

그동안 역대 정부에서 규제개혁을 추진했지만 실패한 원인도 국가 전반의 규제시스템이 네거티브 시스템으로 전환되어있지 않았고 대형 사고가 날 때마다 의원입법 형태로 만들어진 즉흥적인 규제악법이 대못 규제로 작용했기 때문이다. 헌법에 네거티브 규제 시스템의 큰 원칙을 명시하면 거대다수당의 입법 남용을 방지할 수 있다.

또한, 헌법에 Negative 규제 원칙을 명시하게 되면 글로벌 스탠더드에 맞지 않는 법령, 국가경쟁력을 저해하는 법령, 특정 이념에 치우친 법령, 4차 산업혁명 등 디지털 경제 시대에 역행하는 법령 등을 정비하는 계기가 될 수 있다.

3-4. 국회의원의 전문성 제고

우리나라 국회의원의 경우 과도한 권한에 비해 전문성이 낮다는 평가를 받는다. 근래 들어 경제 · 사회의 변화 속도가 갈수록 빨라지고 있어 뒤처지지 않으려면 입법기관인 국회의 전문성 강화가 시급한 과제다. 국회의원의 전문성 저하를 초래하는 가장 큰 원인은 현행 선거제도에 있다. 지역별로 1인의 국회의원을 뽑는 소선거구제하에서는 지역 네트워크가 좋고 선거에 능한 직업 정치꾼들이 당선될 가능성이 크다.

이런 이유로 각 분야에 전문성을 갖는 국가적 인물들이 선거에 참여하기 어렵다. 국회의원은 국가의 주요 과제에 대한 입법을 담당하는 역할을 하므로 지역 실정을 잘 알아야 하는 지방의원들과 달리 분야별로 전문성을 가진 인물을 필요로 한다. 따라서 중대선거구제와 비례대표제를 적절히 혼합한 선거제도를 도입하면 다양한 분야별로 전문성을 높일 수 있다. 또한, 지금과 같은 양당제로 인한 극한 대립을 막을 수 있고 특정 정당의 극단적인 지역 편중 현상도 완화할 수 있다.

3-5. 의원 수 감축 및 출마 자격요건 강화

우리나라 국회의원 수는 300인으로 지역구 253인과 비례대표 47인으로 구성되어 있다. 우리나라 국회의원 수는 OECD 국가와 비교할 때 절대적인 숫자는 많은 편은 아니나 대통령제 채택 국가 중에서는 많은 편이다.

국회의원의 적정수가 얼마인지는 세계 각국과의 비교를 통해 유추해 볼 수 있는데, 우리나라와 같은 대통령제인 미국은 상원 100명, 하원 435명 등 총 535명으로 의원당 국민 수는 60만 명 정도다. 대만의 경우 의원 수가 113명으로 의원당 국민 수가 20만 명이다. 대만의 경우 몇 년 전에 비해 의원 수가 절반으로 줄었다.

우리나라의 경우 의원당 국민 수가 17만 명으로 이들 나라보다 의원 수가 많다. 반면에 의원 내각제를 채택하는 국가의 경우 의원 수가 우리나라보다 많다, 영국은 상원 802명, 하원 650명 총 1,452명으로 의원당 국민 수가 4만 5천 명, 독일은 상원 69명, 하원 630명 총 699명으로 의원당 국민 수가 11만 5천 명, 프랑스는 상원 348명, 하원 577명 총 925명으로 의원당 국민 수는 7만 2천 명, 일본은 상원 242명, 하원 480명 총 722명으로 의원당 국민 수가 17만 6천 명으로 우리나라와 비슷하다.

문제는 지금과 같이 국회의원에 대한 과도한 특권을 계속 유지할 때 비용이 과다하다는 점이다. 또한, 그동안 국회의원 수를 계속 늘려왔지만, 입법의 전문성은 개선되지 않고 오히려 국회의원의 자질 시비만 증대되고 정치 과잉으로 인한 국민의 정치 불신만 조장시키는 결과를 초래했다. 또한, 소선거구제하에서는 국회의원과 지방의원 간의 역할이 중첩되는 측면이 있어 이로 인한 예산 낭비 요인 발생한다.

따라서 차제에 중대선거구제도를 도입하면서 지역구 국회의원 수를 10% 이상 감축하여 국회의원의 자질개선과 비용 절감, 정치과잉 해소를 도모할 필요가 있다. 현재 국회의원 1인당 보좌관까지 포함할 경우 연간 인건비만 최소 6억 원 이상 소요되는바 의원 정수와 함께 국회의원 특권을 줄이면 비용 절감 효과가 클 것으로 전망된다.

대신, 국회의원의 입법 활동 지원을 위해 국회사무처의 입법 지원기능을 강화하여 의원들이 이를 적극적으로 활용하는 방안을 모색할 필요가 있다. 국회사무처의 기능 강화와 함께 정치적 중립성 보장 방안도 함께 검토되어야 한다. 입법전문위원이나 사무처 직원들이 여야를 가리지 않고 객관적으로 입법 지원을 해야 활용도가 높아질 수 있다.

현재 국회의원들은 보좌관 7명과 인턴 2명을 두어 입법 활동의 보좌를 받도록 하고 있으나 실제 운용 면에서는 사적 용무나 지역의 정치적인 행사에 많이 이용하고 있는 실정이다. 미국의 경우처럼 국회의 입법 활동에 도움을 주는 싱크탱크* Think tank를 육성해서 정당이나 국회의원들이 이를

* 미국의 대표적인 싱크탱크는 보수성향의 헤리티지연구소와 진보성향의 브루킹스 연구소가 있다.

활용할 경우 입법의 전문성을 높일 수 있다.

외국의 경우를 보면 G7국가의 대부분이 대통령제나 의원내각제와 관계없이 국회를 상원과 하원으로 나누는 양원제를 채택하고 있다. 우리나라와 같은 단원제보다 양원제가 국회 내 견제와 균형을 통해 한 번 더 심사숙고하는 과정을 거치게 하는 효과를 볼 수 있어 도입을 검토해 볼 수 있다.

국회의원에 대한 자질 시비도 끊임없이 제기되는 문제다. 전문성은 물론 윤리나 도덕적 측면에서 문제가 많은 인사들이 사전에 걸러지지 못하고 국회에 입성하여 국민대표기관으로서 권위나 존경받지 못하고 정치 불신을 초래하는 원인으로 작용하고 있다. 따라서 현행 국회의원 출마 자격 요건을 보다 강화할 필요가 있다. 또한 유권자의 알권리 확대 차원에서 선거벽보나 안내 자료에 후보에 대한 신상 정보공개 범위를 확대하는 방안을 검토할 필요가 있다.

3-6. 정권 교체에도 흔들리지 않는 직업 공무원제 정착

대통령 중심제나 내각제를 시행하는 국가에서 선거에 참여했던 정치인이 행정부나 대통령실 고위직에 임용될 수는 있으나 이들이 직업공무원들의 중립성을 훼손하는 사례는 별개의 문제다. 예를 들어, 미국도 백악관이나 행정부 고위직에 선거에 이바지한 인사들이 임명될 수 있으나 임명되기 전 철저한 청문절차를 걸쳐 자질에 문제가 있는 인사는 걸러지고 임명된 이후에도 이들이 직업공무원들의 정치적 중립성을 훼손하는 사례는 거의 없다. 내각책임제를 운용하는 일본이나 유럽 선진국들도 내각의 고위직은 의원 등 정치인들이 맡고 있으나 직업공무원들의 정치적 중립성을 침해하는 사례는 별로 없다.

반면 과거 박근혜 정부 시절, 대통령이 직접 부처 국장급 공무원을 거명함에 따라 해당 공무원이 좌천된 사례가 있고 정권교체 시마다 공무원의 성향이나 출신 지역을 따져 인사상 불이익을 줌에 따라 공무원들이 선거판에 은밀히 줄을 서는 사례가 크게 늘고 있다. 직업공무원의 정치적 중립성을 보장하기 위해서는 정권교체에도 불구하고 국장급 이하 일반직 공무원의 신분과 인사에 정치적 이유로 관여하지 않도록 법적 장치를 강화해 이를 위반할 때 처벌할 필요가 있다.

행정부의 국장급 이하 인사에 대해서는 검증의 명분으로 대통령실이 개입하지 못하도록 하고 부처 내 인사나 산하기관장 인사에 장·차관의 인사권을 존중할 필요가 있다. 지금처럼 대통령실에서 각 부처의 주요 국장이나 1급 이상 고위직, 산하기관장 및 임원인사에 일일이 개입하는 것은 바람직하지 않다. 현재 행정부 공무원을 여당의 수석전문위원으로 파견하는 사례도 공무원의 정치적 중립성을 침해하므로 폐지해야 한다.

에필로그

2013년 3월 금융감독원장을 끝으로 33년 간의 공직 생활을 은퇴한 후 이번까지 4권의 책을 집필하였다.

*《성공하는 경제. 2013. 11》, 《더 좋은 경제. 2015. 11》, 《행복을 보냅니다. 2021. 12》

주변에서는 왜 힘들게 책을 쓰느냐고 가끔 묻는다. 일각에서는 정치에 미련을 두고 책을 발간한 것이란 오해를 할 수도 있을 것이다. 필자가 지난 2016년 총선에 한 번 출마(당시 새누리당 분당갑 후보)해 낙선한 전력 때문이다. 낙선 이후 아내와 약속에 따라 한 번도 선거 출마를 생각해본 적이 없지만, 선거철이 다가오면 꼬리표처럼 주변의 오해(?)를 초래하는 것이 현실이다.

나이가 들수록 자신과 가족을 돌보고 주변 사람을 배려하여 사는 게 순리에 맞는 인생이란 생각을 오래전부터 해왔다. 하지만 잠시도 무료한 시간을 보내기 어려운 성격 탓에 책을 쓴다는 표현이 적절할 것 같다.

따라서 이 책은 어떤 개인적 목적을 갖고 쓴 책은 아니다. 우연히 행복이란 인생 주제에 호기심을 갖게 되면서 관련분야에 대한 탐구가 책 쓰기로 이어진 것이다.

사실 행복이란 테마에 관심을 갖기 전에는 필자도 살아가면서 행복에 대해 생각해 본적이 별로 없다. 아마 이 시대를 살아가는 대다수 사람도 필자처럼 행복이란 단어를 곰곰이 생각할 삶의 여유가 없을 것이다.

행복은 본인의 마음가짐이나 생활 습관, 태도의 변화로 크기가 달라지기도 하고 멀리 달아나거나 가까이 다가오기도 한다.
또한 어떤 사회나 국가에 살고 있는가에 따라 행복을 느끼는 정도와 크기가 달라질 수 있다. 필자가 행복에 관한 두 권의 책을 발간한 동기도 행복한 개인, 사회, 국가를 위해 필자가 가진 생각들을 독자들과 공유하기를 바라기 때문이다.

교보문고에 가면 하루에도 수십 권이 넘는 신간 서적이 발간되어 독자를 기다린다고 한다. 문화 선진국의 국민일수록 책을 읽는 사람이 많다. 독서는 다른 사람의 이야기에 귀를 열고 자신의 부족함을 채운다. 그래서 책 읽기를 좋아하는 사회는 건강하고 성숙한 사회다.

디지털시대에 사는 현대인은 두꺼운 책 읽기를 싫어한다. 스마트폰을 통해 보고 읽는 정보에 즉각 반응하고 언론 보도와 대중의 반응에 부화뇌동한다. 바야흐로 사색의 실종 시대에 우리는 살고 있다. 인공 지능(AI) 시대가 도래할수록 검색과 정보만 넘쳐나고 자기 생각과 판단은 사라지는 '탈자아 현상'이 가속화 될 것이다.

사회 갈등의 많은 부문은 잘못된 제도나 관행으로 초래되지만 서로의 처지나 견해가 다름을 인정하지 않는 사회 문화 풍토에도 원인이 있다.

우리 사회가 갈등과 대립을 극복하고 성숙한 사회로 진입하기 위해서는 반지성적이고 반문명적이며 자기중심적 사회에서 벗어나 깨어있는 사회, 사색하는 사회, 타인을 배려하는 사회로 탈바꿈해야 한다. 이러한 사회변화에는 지식인들의 용기와 사회지도층의 '노블리스 오블리제'가 필요하고 언론의 역할도 중요하다.

이 책을 발간한 목적도 나와 같이 그동안 국가나 사회로부터 남부럽지 않은 대우를 받아온 사람으로서 국가와 사회에 대한 보답이나 책임 의식에서 비롯되었다.

'행복의 나라로 갑시다'란 노래 제목처럼 정치도 경제도 사회도 국민 모두에게 행복을 주는 시스템으로 바꾸는데 이 책이 조그마한 밀알이 되길 기대해본다.

행복을 보냅니다

행복이란 무엇인가, 행복은 무엇으로 결정되나, 돈과 행복, 운명과 행복, 코로나19와 행복, 과학기술과 행복 등 행복에 관해 궁금해하는 문제들을 알기 쉽게 설명했다. 행복한 나를 만들기 위한 10가지 변화 노력도 친절히 안내하고 있다.

권혁세 지음 I 224쪽 I 흔들의자 발행

더 좋은 경제

뉴노멀 시대 대한민국 생존전략을 기술한 책으로 한국의 미래를 결정할 10가지 이슈를 진단하고 처방전을 제시했다. 구조 개혁이 답이다, 정치가 변해야 경제가 산다, 더불어 사는 세상 만들기 등에 대한 저자의 견해를 담았다.

권혁세 지음 I 296쪽 I 페이퍼북 발행

성공하는 경제

금감원장에서 퇴임한 그해 출간한 저서로 인구구조 변화, 경제 권력 이동, 혁신 경제 도래 등 다가오는 위기와 기회요인을 정확히 예견했다. 우리 경제가 당면한 현안 과제인 금융개혁, 재정개혁, 지방 정부 개혁, 경제 선진화 과제 등을 제시하고 성공하는 정책을 위한 10가지 제안을 담았다.

권혁세 지음 I 304쪽 I 프리뷰 발행